Pater Daniel

Meine Brüder, die Neger in Afrika; ihr Wesen, ihre Befähigung, ihre jetzige traurige Lage, ihre Hoffnungen

Ein ernstes Wort an Europas Christen

Pater Daniel

Meine Brüder, die Neger in Afrika; ihr Wesen, ihre Befähigung, ihre jetzige traurige Lage, ihre Hoffnungen
Ein ernstes Wort an Europas Christen

ISBN/EAN: 9783743446120

Hergestellt in Europa, USA, Kanada, Australien, Japan

Cover: Foto ©ninafisch / pixelio.de

Manufactured and distributed by brebook publishing software (www.brebook.com)

Pater Daniel

Meine Brüder, die Neger in Afrika; ihr Wesen, ihre Befähigung, ihre jetzige traurige Lage, ihre Hoffnungen

P. Daniel.

Meine Brüder, die Neger in Afrika.

Ihr Wesen,
ihre Befähigung, ihre jetzige traurige Lage,
ihre Hoffnungen.

Ein ernstes Wort an Europas Christen

von

P. Daniel Sorur Pharim Den

früherem Sklaven, jetzigem Missionär.

Nach dem italienischen Manuskript besorgte und mit einer
Vorrede versehene deutsche Ausgabe

von

Dekan Schneider in Stuttgart.

Mit einem Anhang:
Das Werk des ehrw. Diener Gottes Vinzenz Pallotti.

Der Reinertrag für Missionszwecke.

Münster i. W.
Verlag von W. Helmes (Humanus).
Buchhandel: Heinrich Schöningh.
1892.

Vorrede des Herausgebers.

Die afrikanische Frage beschäftigt heute alle Völker Europas. Was den Blick der zivilisirten Welt auf den dunkeln Erdteil lenkt, ist nicht mehr blos kaufmännisches Interesse, auch nicht allein das Forschen auf dem Gebiete der Geographie oder Ethnographie. In der allgemeinen Bewegung liegt diesmal ein tieferer Gedanke, der von der Vorsehung eingegeben zu sein scheint: es ist das Gefühl einer verspäteten Pflicht gegenüber einem lang vernachlässigten Glied der menschlichen Familie. Die gebildete Welt hat die zurückgebliebenen Kinder Chams der Zivilisation teilhaftig zu machen. Zu diesem Gedanken haben sich endlich alle erschwungen; nur verknöcherte Herzen und kurzsichtige Geister vermögen sich nicht so weit zu erheben. Da aber wahre Kultur ohne Christenthum nicht möglich ist, wird es Aufgabe der Kirche sein, die afrikanischen Stämme heimzusuchen und für das Evangelium zu gewinnen. Wäre die im fünfzehnten und sechszehnten Jahrhundert begonnene Christianisirung der Negerrasse nicht unterbrochen worden, durch die Schuld der Christen selbst, so stände am Schlusse unseres Jahrhunderts Afrika in der Kultur vielleicht nicht weit hinter Europa zurück, statt der Fetische wäre der wahre Gott angebetet und vor dem Kreuze läge die Fahne Muhameds im Staube. Was versäumt worden ist, muß nachgeholt werden.

Seit Jahrzehnten ist zwar Afrika mit einem beinahe ununterbrochenen Gürtel von christlichen Missionsstationen umgeben und das von Gregor XVI. in's Leben gerufene apostolische Werk, die Mission für Zentralafrika, ist am Nil und im Sudan tief eingedrungen. Allein diese wurde im letzten Jahrzehnt durch den Aufstand des Mahdi gewissermaßen vernichtet, und jene besaßen nicht die Kraft und die Mittel, in das Innere des Erdteils sich vorzuwagen.

Da war es der hochherzige Entschluß des Königs der Belgier, der durch Gründung des Kongostaates die Regierungen Europas für die Arbeit an der Zivilisation der Negerrasse in Bewegung setzte. Es war die Predigt eines neuen Kreuzzuges durch Kardinal Lavigerie zur Befreiung der schwarzen Heidenwelt, wodurch die Kirche zu neuem Missionseifer entflammt wurde. Es war der dringende Mahnruf des Statthalters Christi, Leo's XIII, welcher die christliche Welt an ihre Pflicht, für Afrika sich zu erheben, erinnerte. „O möchten doch alle," rief er aus, „die hervorragen durch Macht und Einfluß, alle, welche für die Ausbreitung der katholischen Religion Interesse besitzen, gemeinsam mit allen Kräften auf die Unterdrückung, Verhinderung und gänzliche Vernichtung des schändlichen, verbrecherischen Sklavenhandels hinwirken!"

Die nächste Folge war die Gründung der Afrikavereine in Belgien, Frankreich, Deutschland u. s. w., Vereine, welchen der hl. Vater seinen Beifall und seinen Segen spendete. Die Generalversammlung der kathol. Vereine Deutschlands hat in Freiburg 1888 die Unterstützung des menschenfreundlichen und zivilisatorischen Werkes in Afrika, die Unterdrückung des Sklavenhandels und die Ausbreitung des Evangeliums als

Ehrensache der deutschen Katholiken erklärt. Als ein Gebot der Humanität, als nationale That bezeichnete der edle Windthorst den Beitritt zum Afrikavereine. „Eigentlich," sagte er auf derselben Versammlung, „gehört jeder Deutsche dem Vereine an, sonst würde er seine deutsche und namentlich seine christliche Gesinnung verleugnen."

Ueberall nun ist dieser humane und christliche Gedanke lebendig geworden. Hochherzige Jünglinge treten in großer Anzahl den Missionsgesellschaften bei und selbst zarte Jungfrauen wollen am Werke der Evangelisierung Afrikas mitarbeiten; der Beruf zum Missionieren ist häufiger als je, ein Zeichen, daß die Bewegung für Afrika Gott wohlgefällt. Schaaren der Glaubensboten gehen über das Meer. Wie im Sturmschritt eilen sie vorwärts und steigen von den Außenwällen, die sie bisher an den Küsten inne hatten, in das Innere der Götzenburg, um dem Geist der Finsternis und Barbarei seinen jahrhundertlangen Besitz zu entreißen. Wir sehen heute die apostolischen Männer an den Ufern der großen Seen, die bis vor wenigen Jahren noch unbekannt waren; wir sehen sie am Fuße jener riesigen Schneeberge, die vor kurzem noch wie ein Märchen erschienen; wir sehen sie dem Lauf der Ströme und Nebenflüsse folgen, die in das Herz des dunklen Erdteils zu bisher nicht gekannten Völkern führen.

Gerne spendet das christliche Volk, wo es mit der hohen Idee bekannt gemacht wird, seine Almosen zur Förderung der Mission. Mit frommer Gier hört es die Berichte der apostolischen Männer, die von ihren Mühen, Arbeiten und Erfolgen erzählen. Man liest in den Hütten und Palästen, was aus Afrika kommt, bald mit Rührung und Mitleid, bald mit Freude und Begeisterung, je nach dem Inhalt der Nachrichten, aber immer mit hohem Interesse.

Eine solche Nachricht vom afrikanischen Boden und aus afrikanischer Feder sogar bilden die folgenden Blätter.

Als im Oktober 1889 der apostolische Missionär P. Geyer mit dem Negerpriester P. Daniel Sorur Pharim Den, aus der Mission von Zentralafrika, einige Tage unter meinem Dache wohnte, wurde, wie natürlich, vieles über Afrika und die unglücklichen Schwarzen, über die vom Mahdi vernichteten Stationen im Sudan und die apostolische Thätigkeit im dunkeln Erdteil überhaupt gesprochen. „Wie, wenn ein Sohn der Wüste," sagte ich unter anderem, „wenn ein Neger selbst zu uns spräche von dem geistigen und sozialen Elend seines Volkes; wie, wenn ein Schwarzer, der ehemals Heide, nun Christ und durch Gottes Gnade Priester geworden, uns seine eigene Erfahrung und Ansicht über den wirklichen Zustand der Neger, über die so oft angesochtene Fähigkeit derselben für Christentum und Gesittung mitteilen wollte; wenn etwa P. Daniel selbst, früher auf dem niedrigsten Stand der Zivilisation, nun aber in Europa wissenschaftlich gebildet und in die verschiedensten Gebiete abendländischer Kultur eingeweiht, es unternähme, eine Schrift in diesem Sinn zu verfassen und zu veröffentlichen?" P. Daniel nahm diesen Gedanken sogleich auf. In glühender Liebe zu den Brüdern seiner Rasse und brennend vor Begierde, durch Erweckung größeren Interesses ihnen zu dienen, machte er sich noch an demselben Abend, als die Hauptgesichtspunkte einer derartigen Arbeit durchgesprochen waren, ans Werk, welches er auch im Verlaufe seiner Reise in Mußestunden ausarbeitete.

An zwei Uebeln leidet Afrika, welche die Ursache des ganzen Elends sind, das auf diesem Weltteile lastet. Das eine Uebel ist der Götzendienst mit seinen Greueln, das andere die Sklaverei. Gegen beide muß von Europa Hilfe kommen. Einerseits ist es der Fetischpriester, der Zauberer, welcher die schwarzen Völkerschaften im Bann des Aberglaubens zurückhält; hier muß der Missionär mit dem Licht des Evangeliums in die Finsternis bringen. Anderseits ist es der Islam, welcher die Menschenwürde und -Rechte verachtet und mit Füßen tritt, den Sklavenhandel befördert und treibt, dadurch die schönsten Gegenden verwüstet und die Länder entvölkert; hier liegt die Aufgabe der christlichen Mächte und ihrer Waffen, nämlich die Pflicht, wie Wißmann sagt, „der Vernichtung der Vernichter und Verderber der afrikanischen Rasse."

P. Daniel beleuchtet die beiden Uebel von seinem afrikanischen Standpunkt aus und nach seinen Erfahrungen. Er urteilt wohl nicht unrichtig. Die Vorliebe für sein Volk führt ihn kaum je zu weit. Er schildert in der vorliegenden Broschüre die Erniedrigung der Negerrasse und giebt deren Ursachen an. Mit dem Ausdruck des Mitleids ruft er um Hilfe für seine Landsleute, mit selbstverständlicher Entrüstung tritt er dem Vorurteil entgegen, als sei der Neger der Gesittung und Religion unfähig und unempfänglich dafür. Der Ansicht falscher Philanthropen, als sei der Islam die für den Schwarzen geschaffene Religion, Durchgangsstadium und Vorbereitung auf das Christentum, tritt der Pater scharf entgegen, indem er Muhamedanismus und Arabertum als das kulturfeindlichste Element bezeichnet. Das erste und einzige Mittel zur Erhebung der Neger ist das Christentum. Mit zahlreichen Beispielen beweist er seine Behauptung, daß dieselben gute Christen und nützliche Mitglieder der menschlichen Gesellschaft werden können. Die Schaffung eines eingeborenen Klerus, der einst nach Generationen an die Stelle der europäischen Missionäre treten müsse, wünscht er dringend.

Patriotismus und Seeleneifer haben dem Missionär die Feder in die Hand gedrückt. Seine Bildung und sein Talent setzten ihn in den Stand, tiefe Gedanken und praktische Ansichten in schöner Form auszudrücken. Dadurch hat er selbst, der Neger, einen Beweis dafür geliefert, was die heute noch so tief stehende Rasse vermöchte, wenn die christliche und gebildete Welt ihr auf die richtige Bahn verhelfe.

Das Manuskript des P. Daniel ist in italienischer Sprache geschrieben. Er ersuchte mich, dasselbe für das deutsche Publikum, bei welchem das Interesse für das arme Afrika sehr groß sei, zu übersetzen; ein junger Priester, Herr Vikar Straub, dem hierfür an dieser Stelle der Dank abgestattet sei, nahm mir wegen meiner sonstigen Geschäftslast die Mühe der Uebersetzung ab. Ich hatte vom Verfasser das Recht erhalten, zu ändern, wegzulassen oder hinzuzufügen, wie ich es für gut finde. Ich machte nur mäßigen Gebrauch davon, so daß man im Ganzen den vollständigen Text, wie er vom hochw. Verfasser selbst herrührt, vor sich hat.

* * *

Die Leser werden nun über **Herkunft und Lebensschicksale des Verfassers** Näheres erfahren wollen. Er hat selbst seine Biographie verfaßt, aus der ein gedrängter Auszug hier stehen soll.

Im Thal des weißen Nil, vom 12° bis 9° nördl. Br. im Osten des Stromes, und vom 10° bis 5° im Westen wohnt die Nation der Dinka, eine Vereinigung von 24 Stämmen mit patriarchalischer Verfassung. Das Volk treibt Ackerbau und Viehzucht. Die Dinka sind schön gebaut, schlank und von hoher Statur, ihr Gesichtsausdruck hat etwas Mildes an sich. Von moralischer Seite hat man sie vorteilhaft geschildert. Sie sind heiter und gutmütig, im Kriege tapfer und mutig. Im allgemeinen haben sie gute geistige Fähigkeiten, ihre religiösen Begriffe sind aber dürftig und in der Kultur stehen sie niedrig.

Aus diesem Volk ging P. Daniel hervor. Sein Vater Piok-Den, seine Mutter Aquid-De-Gele, wohnten im Dorfe Uanda-Marea, nicht sehr weit vom Nil. Bei einem Ueberfall der Baggarah-Araber, während der Vater im Schlachtgetümmel war, wurde das Kind geboren. Man glaubte, das-

selbe werde infolge der Angst der Mutter tot auf die Welt
kommen; aber Gott hatte es in seiner Barmherzigkeit anders ge=
fügt, weswegen der Vater es Pharim, d. h. der Gerettete,
nannte. Die Familie lebte ruhig und friedlich, besaß mehrere
Grundstücke und viel Vieh, welches Pharim mit seinem älteren
Bruder hütete, während die zwei jüngeren Schwestern bei der
Mutter blieben. Man lebte nach dem Naturgesetze und besaß
eine natürliche Religion, soweit dies bei unzivilisierten Heiden
möglich ist.

Als Pharim acht Jahre alt war, starb der Vater und
die Mutter übernahm jetzt die Leitung der Familie, und nicht
ohne Geschick, denn sie verstand es, Haus und Hof zusammen
zu halten, ja sie kaufte noch ein Anwesen in der Nähe des
weißen Nils.

Als der Kleine etwa im zwölften Jahre stand, fielen die
Baggarah wieder in das Gebiet der Dinka ein, und diesmal
wurde er selbst, die Mutter und die beiden Schwestern gefangen
und zu Sklaven gemacht. Was die Sklaven auf der mehrere
Monate dauernden Reise von der Heimat bis zu ihrem Be=
stimmungsorte ausgestanden, ist von P. Daniel ausführlich
geschildert. „Solche Qualen, solche Pein", ruft er aus, „sollte
man auf Gottes Erdboden für unmöglich halten; auch ich
selbst würde dieser Meinung sein, hätte ich nicht selbst alles
das verkostet, was ich berichte. O wie hart ist die Sklaverei!"

Endlich war die Sklavenkarawane in El=Obeid, der Haupt=
stadt Kordofans, angekommen, hier wurden die Sklaven ver=
kauft. Von den Schwestern war er schon früher getrennt
worden, er selbst mit der Mutter kam zu dem reichen Araber
Abdullahi, von welchem er Sorur, d. h. Wohlgefallen, geheißen
wurde. Die eigentliche Härte der Sklaverei fühlte er erst jetzt;
Mißhandlungen, Hunger, die Erinnerung an die Heimat und
Freiheit brachten den Knaben zur Verzweiflung, so daß er eines
Abends, als ihm eine Züchtigung drohte, beschloß, in die
katholische Mission des P. Comboni, die in unmittelbarer

Nähe des Hauses seines Gebieters sich befand, zu fliehen. Eine innere Stimme hatte ihm gesagt: „Geh in das Haus der weißen Christen!" Am Thore angelangt, klopfte er, erhielt Einlaß und wurde zu dem apostolischen Provikar geführt, der ihn aufnahm und gegen Abdullahi, der ihn herausverlangte, schützte.

Schwer war die Prüfung, die über ihn kam, als seine Mutter in der Missionsanstalt erschien und durch Schmeicheleien ihn zur Rückkehr in das Haus des Arabers bewegen wollte. Er widerstand sowohl den freundlichen Lockungen, als auch dem Fluch, den sie beim Weggehen über ihn aussprach.

Nach solch harter Probe wurde er zum christlichen Unterrichte zugelassen und erhielt am 12. Juni 1874 die hl. Taufe und Firmung; er bekam den Namen Daniel. Schon hatte er als Missionsschüler sich das Arabische und Italienische einigermaßen zu eigen gemacht, als er im Dezember 1875 El-Obeid verlassen mußte, um seinen geistlichen Vater nach Verona zu begleiten. Ueber Chartum, Berber, Suakim, von da durch das Rote Meer nach Suez, dann über Kairo, Alexandrien und Triest, kamen sie am 25. März 1876 nach der langen, besonders in ihrem ersten Teil beschwerlichen Reise in Verona an, wo Daniel mit einem anderen Negerknaben dem Studium weiter oblag. Als P. Comboni als apostolischer Vikar von Zentralafrika zum Bischof in part. infid. erhoben wurde, kamen die zwei afrikanischen Studenten nach Rom und wurden am 12. August 1877 zur Audienz bei Papst Pius IX. zugelassen, der sie dann in die Propaganda aufnahm. In dieser Anstalt verblieb Daniel sieben Jahre lang und setzte unter gelehrten Professoren seine Studien fort. Wegen Krankheit wurde er im Juni 1883 von der Congregation der Propaganda zur Rückkehr in den Orient angewiesen. Zuerst ging er nach Kairo, wo er nach sorgsamer Pflege wieder zu Kräften gelangte und sodann von dem apstolischen Vikar Sogaro zur Vollendung seiner theologischen Studien auf die Universität der P. P. Jesuiten zu Beyrut in Syrien gesandt wurde; im Juli 1886 hatte er seine Studien vollendet.

Damit sich Daniel nach den nicht geringen Anstrengungen bei seiner schwächlichen Natur erholen und gleichzeitig einem eingehenden Studium der arabischen Sprache obliegen könnte, sandte man ihn in das Jesuiten-Kollegium nach Ghazir auf dem Libanon, wo er bis Mitte Dezember verblieb und dann wieder nach Kairo zurückkehrte. Dort wurde er zum Lehrer des Arabischen bestellt und erhielt in der Zwischenzeit die hl. Weihen des Subdiakonats und Diakonats. Endlich war auch der langersehnte Tag der hl. Priesterweihe, der 8. Mai 1887, angebrochen. „Daß ich dabei," schließt der hochw. Pater seine Biographie, „auf mein ganzes Leben zurückblickend und die Weisheit und Güte der göttlichen Vorsehung, die mich so wunderbar geführt, frohlockend in meinem Herzen anerkennend, gerührt sein mußte, wird mir der gütige Leser ohne Bedenken zugeben. Gerührt über diesen hl. Akt waren aber auch alle meine schwarzen Mitbrüder und Schwestern, welche beiwohnen konnten, und fast außer sich vor Freude waren sie, weil einer aus ihrer Mitte der Geweihte war."

Es ist schon bemerkt worden, daß P. Daniel mit einem andern Missionär 1889 und 1890 Europa besuchte und einen großen Teil Deutschlands und Oestreichs bereiste, um im Januar des folgenden Jahres wieder nach Kairo zurückzukehren. Gegenwärtig befindet sich der hochw. Herr in Heluan bei genannter Stadt, um den apostolischen Arbeiten sich hinzugeben, bis die politischen Verhältnissen im Sudan ihm gestatten werden, als Priester in seine Heimat, der er so grausam entrissen worden, zurückzukehren. Er brennt vor Begierde, seinem Stamme bald das Evangelium verkünden und an dessen Zivilisierung arbeiten zu können; denn dazu hat ihn wohl die göttliche Vorsehung, die ihn durch die Sklaverei hindurch zum Christentum und zum Priestertum geführt, berufen. Möge dieser Tag bald anbrechen!

Indem ich mich der Herausgabe dieses kleinen Werkes unterzogen habe, hoffe ich allen katholischen Missionen in Afrika einen Dienst zu erweisen. Ich bitte nun die Katholiken Deutschlands, und besonders meine hochw. Herren Konfratres, die Schrift des Negerpriesters wohlwollend aufzunehmen.

Stuttgart, den 1. Mai 1892.

Dekan Schneider.

Einleitung des Verfassers.

> Motto: Würdig bist Du, o Herr! zu nehmen das Buch, und zu öffnen dessen Siegel, weil Du geschlachtet wurdest und uns erkauft hast für Gott in Deinem Blute, aus jeglichem Stamm, und jeder Zunge und Völkerschaft und Nation, und uns geweiht hast unserm Gott zu einem Königtum und zu Priestern, und wir herrschen werden auf Erden.
> (Offbg. Joh. Kp. 5, 9, 10.)

Die Zivilisierung und Christianisierung der Negerrasse ist das große Problem der Gegenwart, welches neben anderen politischen und sozialen Fragen das volle Interesse der Staatsmänner und Völker in Anspruch nimmt. Gelehrte und Ungelehrte, große und kleine Geister beschäftigen sich damit in Schrift und Wort, und suchen die Welt von der Notwendigkeit zu überzeugen, daß man mit bewaffneter Hand die Todfeinde Afrika's, welche diesen unglücklichen Erdteil beinahe zur Wüste gemacht, bekämpfen müsse, daß man dem Islam sowohl, als dem Fetischdienst mit ihren abscheulichen Sitten und abergläubischen Vorstellungen die Herrschaft über die Negerrasse entreißen müsse.

Die afrikanische Frage ist es, welche heute Politik, Wissenschaft, Handel und Religion in Spannung hält.

Seit Anfang unseres Jahrhunderts wurde der Ruf nach einem gemeinsamen Eintreten für Afrika lauter und lauter, und der energische Anstoß, welchen endlich Kardinal Lavigerie der religiösen und politischen Welt gegeben hat, wird für die Geschicke der Wiedergeburt des schwarzen Weltteils von epochemachender Bedeutung bleiben. Der Kreuzzug, den er gegen die Menschenhändler predigte, gegen jene Jünger des Propheten von Mekka, welche durch ihre fortgesetzten Raubzüge das afrikanische Festland um mehr als den dritten Teil entvölkert haben, fand im Herzen des zivilisirten Europa, insbesondere in den katholischen Ländern, freudigen Anklang. Seine Eminenz hat damit aber nur ausgesprochen, was alle Missionäre seit langer Zeit gewünscht, und was gelehrte, unerschrockene, wahrhaft humane Forscher von dem Augenblicke an verlangt hatten, als sie sich mit eigenen Augen von den Greuelthaten überzeugen konnten, die der Islam gegen die wehrlosen Negerstämme verübte.

Gebe Gott, daß sich die freudige Hoffnung auf ein baldiges Erwachen der Negervölker zum Lichte des Evangeliums, der einzigen Quelle wahrer Gesittung und Freiheit, erfüllen möge! Gewiß eine schöne Aussicht, aber schwierig scheint ihre Verwirklichung.

Nun ist es aber bei jedem wichtigen Unternehmen von größter Bedeutung, einen Operationsplan zu entwerfen, was ohne die genaueste und eingehendste Kenntnis des Terrains, auf dem man sich zu bewegen hat, nicht möglich ist. So schien es mir denn geboten, die gebildete Welt, Geistliche und Laien, zu ernstlichem Studium der Personen und des Schauplatzes, sowie der Umstände einzuladen, welche auf die Lage der Neger in Afrika von günstigem oder ungünstigem Einfluß sind, um so das vorgesteckte Ziel leichter erreichen zu können.

Selbstverständlich kann es nicht meine Absicht sein, Männer belehren zu wollen, die durch langjährige apostolische Wirksamkeit unter den Negern sich reiche Erfahrungen und Kenntnisse über die Verhältnisse in Afrika gesammelt haben. Indes haben die bei der Missionierung und Zivilisierung der Neger zu Tage tretenden Schwierigkeiten manche zu ganz nachteiligen oder doch wenig günstigen Urteilen bezüglich der schwarzen Rasse veranlaßt, weshalb ich mich in dieser Schrift bestreben will, den Neger und seine gegenwärtigen Verhältnisse so zu schildern, wie sie nach meinem Dafürhalten wirklich sind.

Ich gestehe, daß diese Aufgabe über meine Kräfte geht, und hätte ich mich nicht daran gemacht, wenn ich nicht als Sohn der Wüste, nunmehr durch die Gnade Gottes und die barmherzige Liebe des katholischen Europa Christ, Katholik, Priester und Missionär geworden, es für eine heilige Pflicht des Patriotismus gehalten hätte, meine Ansicht öffentlich auszusprechen, damit endlich so manche sonderbare Vorurteile gegen die Schwarzen, meine Brüder, beseitigt würden.

Während der kurzen Zeit meines Aufenthaltes unter den Europäern hatte ich häufig Gelegenheit zu beobachten, wie man dort über die Negerrasse urteilt. Es finden sich da vielfach ganz ungünstige Ansichten über dieselbe. Vielfach sogar will man es nicht glauben, daß der Neger fähig sei, in jedem Zweig menschlichen Wissens unterrichtet zu werden. Andere gehen noch weiter: sie raten allen Ernstes denjenigen, welche sich jener armen, verlassenen Geschöpfe mit Aufopferung ihres Lebens annehmen und sie durch Predigt und Unterricht aus geistigem und leiblichem Elend zu befreien suchen, von diesem edeln Werke ab. Zum Teil beruft man sich dabei auf die allerdings nicht geringen Schwierigkeiten, die bei der Erziehung der Neger sich ergeben, geht aber dabei von der gänzlich falschen Voraussetzung aus, als ob diese Schwierigkeiten in der Natur des Negers lägen. Wieder andern ist es gar nicht ernstlich um die Verbesserung der Lage der unglücklichen Negerstämme zu thun, sondern sie gebrauchen aus ganz andern als religiösen und humanitären Gründen die Zivilisierung und Christianisierung derselben gleichsam nur als Aushängeschild, um ihre eigenen, selbstsüchtigen Zwecke zu verfolgen. All diese Leute stimmen in ihrem Urteil darin überein, daß der Neger eigentlich nicht wert und nicht fähig sei, zum Christentum und zur Kultur erzogen zu werden. Ja, es liegt die Zeit nicht so weit hinter uns, wo Gelehrte, ohne zu lachen, den Neger als eine Mittelstufe zwischen Affen und Menschen ansahen, und gar nicht so lange ist es, daß einige in gewissen Stämmen im unerforschten Innern die lebendigen Exemplare der dem Vierhänder noch ganz nahestehenden, kaum Mensch zu nennenden Geschöpfe gefunden zu haben glaubten. Glücklicherweise ist die Blütezeit dieses darwinistischen Unkrautes vorüber.

Um nun auf derartige Angriffe ausgiebig zu antworten, würde es nicht blos einer Broschüre, sondern ganzer Bände bedürfen, was mir aber die gegenwärtigen Verhältnisse nicht erlauben.

Ich sage nun: Die schwarze Rasse ist ebenso intelligent, als andere Rassen der großen Familie des Menschengeschlechtes, und sie erweist sich als kulturfähig, sobald sie nur Mittel und Gelegenheit zu wissenschaftlichem, religiösem und gewerblichem Unterricht findet. Dies in Abrede zu stellen, wäre ebenso willkürlich, als die andere Behauptung, die Negerrasse sei bestimmt, aus der Reihe der Völker zu verschwinden. Der eigentliche Grund einer derartigen Geringschätzung des Schwarzen liegt darin, daß er in Religion, Industrie, Kunst und Wissenschaft thatsächlich weit hinter andern Rassen und Völkern zurückgeblieben ist. Indes wird kein Kenner der Geschichte leugnen können, daß alle Völker sich einmal in einem niedrigen Zustande befunden haben. Selbst Europa, das unter allen Erdteilen in Kunst, Wissenschaft, Gewerbe und allgemeiner Bildung die erste Stelle einnimmt, war einst nichts anderes als ein Labyrinth von Irrtum und Aberglauben, der Schauplatz von Lastern und Greueln. Manche Schlechtigkeit kommt bei den Negern nicht einmal in demselben Grade vor, wie bei andern heidnischen Völkern der alten und neuen Zeit.

Jenen hohen Kulturgrad, dessen Europa sich erfreut, verdankt es weder der heidnischen Philosophie noch der heidnischen Moral, die in einer üppigen Venus, einer eifersüchtigen Juno und in Jupiter, dem ausschweifenden Göttervater, personifiziert erscheint, einer Moral, die sich in den lukullischen und unsittlichen römischen Gastmählern, in den schändlichen öffentlichen Spielen der Luperkalien hinreichend charakterisiert. Es verdankt sie vielmehr jener Religion, welche die Gefühle der Gottesfurcht, der Ehrfurcht gegen Eltern und Vorgesetzte, der Achtung des Nächsten unvertilgbar in unsere Herzen gepflanzt hat.

Christus ist es, der dem Menschen die untrüglichen und unabänderlichen Gesetze der Gerechtigkeit, Ehrbarkeit, Heiligkeit, Wahrheit und Schönheit, der natürlichen und übernatürlichen Tugend gegeben hat. Er gießt über seinen geheimnisvollen Leib, die Kirche, himmlische Gnade und Weisheit aus, mittelst deren er die erhabensten Tugenden in die Herzen der Völker zu pflanzen wußte.

Der zurückgebliebene Zustand der Negerrasse darf nicht aus ihrer inneren Natur erklärt werden. Die zahlreichen, teils schon bestehenden, teils neu ins Leben tretenden Missionen in Afrika beweisen klar, daß man an der intellektuellen und religiösen Bildungsfähigkeit des Negers nicht zweifeln darf.

Die Aufgabe, die ich mir gestellt habe, besteht nun darin, die Gründe des niedrigen Kulturstandes der Neger und die Mittel zu dessen Hebung zu erforschen. Denn die vielen Vorurteile gegen die Schwarzen kommen meines Erachtens einzig und allein daher, daß man jene Gründe nicht kennt und zwischen den verschiedenen Stadien nicht unterscheidet, in denen sich der Neger befindet. Diese Stadien aber üben notwendigerweise ihren Einfluß auf die Zivilisierung der Negerrasse. Wir betrachten demnach den Neger

1. im **Heidentum** oder Fetischdienst,
2. im **Islam**, und
3. im **Christentum**.

Wer immer die natürlichen Anlagen des Negers erforschen und darüber sprechen will, muß vor allem den verschiedenartigen Einfluß einer jeden dieser drei Religionen berücksichtigen, und er muß ferner eine genaue Kenntnis vom Wesen und sittlichen Gehalt derselben haben. Nur so gewinnt man ein sicheres und gründliches Urteil über die Ursachen des Zustandes der Erniedrigung der Schwarzen und über deren Kulturfähigkeit, d. h. über die Möglichkeit, sie zur wahren Religion und menschenwürdigen Bildung zu erheben. Man darf eine ganze Rasse nicht von vorne herein verurteilen, ehe man sie auf der Wage eines gesunden Urteils sorgfältig gewogen hat.

Erstes Kapitel.

Der Neger im Heidentum.

Eine der wichtigsten Ursachen des gesunkenen Zustandes unserer Rasse ist der Mangel an geistiger und sittlicher Ausbildung. Der Neger hat in seiner Heimat durchaus keinen Sinn für Entwicklung der geistigen Anlagen. Nicht als ob diese ihm fehlten, sondern einzig deshalb, weil er niemand hat, der ihn unterrichtet, weil er nirgends die Mittel findet, sich unterrichten zu lassen. Unter diesen Umständen ist es ihm freilich unmöglich, seine Geisteskräfte auszubilden. Nun aber nimmt man es als eine ausgemachte Sache an, daß der Unterricht, welcher sich zunächst an den Verstand wendet, nach und nach auch den Willen veredelt, weßhalb der Ungebildete in Bezug auf Anstand und feine Sitte hinter dem Gebildeten mehr oder weniger zurücksteht. Nehmen wir ein Beispiel aus europäischen Verhältnissen: stellen wir einen hochgebildeten Gelehrten einem ganz ungebildeten Bauersmann gegenüber. Beide sind mit geistigen Anlagen ausgerüstet, aber der eine konnte sein Talent ausbilden und verwerten, weil ihm der Reichtum seiner Familie, die guten Schulen seiner Vaterstadt und tüchtige Lehrer hierzu halfen; dem andern dagegen machte es der Mangel an Geldmitteln wie an Schulen unmöglich, aus seiner natürlichen Begabung Nutzen zu ziehen. Ich frage nun: Dürfen wir den armen Bauersmann deswegen für bildungsunfähig erklären, weil er keine Gelegenheit hatte, höhere Schulen zu besuchen? Und seine Unwissenheit sollte für uns ein hinreichender Grund sein, denselben für ein von Natur aus weit niedriger stehendes Wesen zu halten als jenen Gelehrten? Ein ganz ähnliches Verhältnis besteht aber zwischen dem Neger und dem zivilisierten Europäer.

Die Pflege des Verstandes allein macht indes den Menschen noch nicht wahrhaft gebildet. Dazu sind zwei Dinge absolut notwendig: Wissenschaft und Religion. Die erstere ist notwendig, insofern der Mensch sich mittelst ihrer befähigt, der Gesellschaft zu dienen, deren Glied er ist. Der letzteren dagegen bedarf er, damit sie ihn die Wege der Gerechtigkeit führe und ihm stets die Pflichten gegen Gott und den Nächsten vor Augen stelle; die Pflicht der Anbetung und des Gehorsams gegen Gott als seinen Schöpfer und Herrn, und die Pflichten der Liebe und Gerechtigkeit gegen die Nebenmenschen, seien es Vorgesetzte, Gleichgestellte oder Untergebene.

Dem Neger mangelt aber nicht blos intellektuelle Bildung, sondern auch jene Religion, welche allein den Menschen wahrhaft gerecht, sittlich und human macht, nämlich das Christentum. Die alte heidnische Welt mit all' ihrer Wissenschaft und all' den verschiedenen Religionsystemen, an denen gewiß kein Mangel war, vermochte kein wahrhaft gesittetes und gerechtes Volk aufzuweisen, wie solche später die Lehre und Moral Christi zu stande brachten, eine Moral, die zwar schon vom Schöpfer im Anfang der Geschichte ins Herz des Menschen geschrieben war, aber in dem Maße sich allmählich verwischte, als die sinnlichen Leidenschaften die Oberhand über den Geist gewannen.

Allerdings gab es nichtchristliche Völker, die zivilisiert waren, ja es giebt heute noch solche, z. B. Chinesen, Japanesen. Könnte es nun beim Neger nicht auch so sein? Aber welcher Art ist oder war denn die Zivilisation jener nichtchristlichen Völker? Sie hat meist ein ganz äußerliches, materielles Gepräge. Zweifellos ging die Kultur der Chinesen und Inder der europäischen um Jahrtausende voraus. Aber wie aus langem Schlaf stand endlich Europa auf, schritt von Jahrhundert zu Jahrhundert fort in Kunst und Wissenschaft, Gewerbe und Handel, organisierte und vervollkommnete das ganze politische und soziale Leben, und durcheilte wie im Triumph die Zeiten bis zum heutigen Tag. Was war wohl die Ursache dieses wunderbaren stetigen Fortschritts der europäischen Nationen? Ohne Zweifel ihre Intelligenz im Verein mit ihrer Energie. Niemals jedoch hätte Europa seinen hohen Bildungsgrad ohne das Christentum erreicht. Dieses war das belebende Element, das den Geist erleuchtete und die

Leidenschaften bändigte, das Herz für alles Gute und Schöne begeisterte und den Verstand für die Aufnahme der Wahrheit empfänglich machte.

Man wird nicht leugnen, daß die verrohten, tief herabgesunkenen Negerstämme in Afrika einst in Religion und Kultur viel höher standen als jetzt. In Bezug auf Kunstfertigkeit, Gewerbe, Ackerbau und soziale Einrichtungen läßt sich vielfach nachweisen, daß vor nicht so langer Zeit mancher Stamm einen höhern Standpunkt eingenommen hat, und daß der Niedergang der materiellen Kultur und der Moralität hauptsächlich erst dem Eindringen des Arabertums zuzuschreiben ist. Was die Religion betrifft, so gilt auch hier die Ansicht des alten Plutarch, daß man kein Volk ohne Glauben an Götter finde. Auch bei uns Negern blieb noch eine Spur der Uroffenbarung, der Glaube an ein höchstes Wesen, an den einen Gott.

Bei den Dinka, um ein Beispiel anzuführen, glaubt man an „Den=Did", d. h. „den allwissenden Gott" (Den = wissen, Did = groß, alles) und betet im Jahr einmal zu ihm. Von den religiösen Zeremonien nämlich, deren ich mich noch erinnere, gibt es eine Art von Segnung der ersten Früchte. Diese besteht darin, daß niemand von der ganzen Familie, selbst die kleinen Kinder nicht ausgenommen, von den neuen Früchten genießet, bevor nicht der Vater oder in dessen Abwesenheit die Mutter von denselben über den ganzen Hofraum gestreut hat unter Anrufungen um den Schutz Dendids über die ganze Familie mit den Worten: „O du, der du uns und diese Früchte erschaffen, segne uns und diese Früchte!" Ich hatte einmal jenes Fastengebot übertreten. Es dauerte jedoch nicht lange, so fühlte ich auch schon die Strafe für diese meine erste Sünde. Dem Vater war nämlich meine Abwesenheit aufgefallen, und da er aus der Scheu, mich ihm zu nähern, das Vergehen bald erraten hatte, zauderte er nicht, meine Beicht abzuverlangen. In gütiger und sanfter Weise, damit ich ihn nicht belüge, nahm er mich bei der Hand und fragte mich, wo ich denn die Frucht genommen hätte. Vertrauend auf die väterliche Güte, führte ich den Vater zum Orte meines Diebstahls. Der Vater aber hatte schon eine Rute an der Seite verborgen, und als wir auf dem Platze angelangt und der Vater von meiner Schuld sich überzeugt hatte, machte er nach einer heilsamen Ermahnung, daß ich nie mehr vor der angedeuteten Segnung der neuen Früchte solche anrühre, auch Gebrauch von der mitgebrachten Rute.

Durch die Abschließung von der übrigen Welt und andere ungünstige Umstände sind die Kinder Afrikas, nachdem einmal der reine Glaube verloren war, immer weiter entartet, immer mehr abwärts geführt worden, bis sie endlich im Verlauf der Jahrhunderte auf die niedrigste Stufe der Religion herabsanken, zum Fetischdienst.

Der Fetischdienst, zu dem sich der weitaus größte Teil der Negerrasse bekennt, ist, wie gesagt, die niedrigste Stufe der heidnischen Religion und die unterste Form des Götzendienstes. Immer weiter entfernte sich nämlich der **arme Schwarze** von dem wahren Gott, so weit endlich, daß ihm dieser Gott zu hoch und unverständlich wurde. Daher kommt es, daß er zuletzt Tiere, Pflanzen, Steine, kurz allerlei **Dinge** aus dem Reiche der Natur zum Gott erhob, den er anbetete; das sind die Fetische. Alles kann **Fetisch** werden, was da fliegt und kriecht, was lebt oder leblos ist, das Kleine und das Große, **Wasser**, Berg, **Baum**, Storch, Schlange, Wurm, **Holz**, **Knochen**. Zwischen dem unnahbaren höchsten **Wesen**, an das man nie oder selten denkt, um das man sich nimmer kümmert, und dem Menschen stehen als Mittelwesen Geister, gute und böse, die man im Fetisch wohnend sich vorstellt.

Liegt auch in diesem krassesten Götzendienst eine dunkle Ahnung des Göttlichen, ein Rest vom wahren Gottesbewußtsein, so kann doch eine Religion ohne klare Erkenntnis Gottes, als des Anfangs und Zieles aller Dinge, eine Religion ohne genauen und sichern Begriff des Wahren und Guten, ohne Lehrsystem und Sittengesetz, eine Religion voll sinnloser und abergläubischer Gebräuche keine Vorschriften darüber geben, wie der Mensch jene Ideale der Wahrheit, Schönheit und Gerechtigkeit erreichen könne, welche er zwar sucht, aber nicht findet. Daher ist der Götzendienst unfähig, die Vernunft zu erleuchten, und noch viel unfähiger, den Willen zur Überwindung all' der Hindernisse zu entflammen, welche sich der Erkenntnis der religiösen Grundwahrheiten entgegenstellen. Entblößt von aller religiösen Grundlage bleibt deshalb dem Götzendienst nichts übrig, als seinen Anhängern eben alles zu erlauben, was ihnen beliebt. Diese Religion besteht also in dürftigem, äußerem Zeremonienwesen und dient den Negern als bequemer Deckmantel für die unmenschlichsten und schändlichsten Handlungen. Der Grund ist der, daß eine solche Religion absolut unfähig ist, dieselben zu verbieten; denn ihr fehlt jede klare Einsicht in die Sündhaftigkeit und Verwerflichkeit derartiger Handlungen, vielmehr gelten sie ihr als löblich und verdienstlich. Und selbst wenn sie eine bessere Einsicht böte, so fehlten ihr doch die moralischen Mittel, um den Neger von solchen Schändlichkeiten abzuhalten und ihm edlere Gesinnungen einzupflanzen, damit er die Leidenschaften seines Herzens bändigen und im eigenen Hause Ordnung schaffen lerne, so daß der Geist die Herrschaft über den Körper hätte und nicht umgekehrt.

Die Religion soll ihrer Natur nach auf Bildung und Veredlung des Geistes und Herzens hinstreben, indem sie den Menschen zur Erkenntnis der Wahrheit und zur Übung des Guten anleitet; nicht aber soll sie der Sinnenlust als Spielball dienen, indem sie ihr alles zu thun erlaubt, was ihr beliebt und so das Schamgefühl erstickt.

Eine Religion, welche keine bestimmten moralischen Gesetze hat, vielmehr alles dem Gutdünken des Einzelnen überläßt, muß notwendig immer tiefer sinken. Der menschliche Wille ist schwach und unbeständig; heute faßt er einen guten Entschluß und macht Pläne zu dessen Ausführung, aber vielleicht morgen schon schreckt er vor den Schwierigkeiten zurück, welche ihm seine verderbte Natur oder die äußeren Verhältnisse in den Weg legen. Wenn er nicht durch feste Grundsätze geleitet ist, so giebt er den ganzen Plan wieder auf.

Ein Volk, welches von solchen Einflüssen beherrscht ist, wird demnach nur insofern und insoweit religiös sein, als sein natürlich guter Wille es zum Guten antreibt, aber nicht kraft seiner religiösen Grundsätze. Dies ist auch beim Neger der Fall. Bleibt er auf sich selbst und den greulichen Götzendienst angewiesen, bleibt er abgeschnitten von jedem Verkehr und jeder Berührung mit zivilisierten Nationen, ohne Erziehung und Unterricht, so kann er vielleicht in gewissem Grade sittlich und gerecht sein infolge der Einwirkung des Naturgesetzes, er wird es aber niemals sein durch die religiösen Gesetze und Lehren seiner Religion. Der Neger im Zustand des Heidentums tappt wie ein Blinder ohne Führer umher, beständig in Gefahr, in den tiefsten Sumpf des Elends zu versinken. Aus diesem erbarmungswürdigen Zustand könnte er sich zu einem wahrhaft religiösen und gesitteten Leben erheben, wenn er vom Geiste des Christentums oder vielmehr der katholischen Religion durchdrungen würde; denn zweifellos ist dies die einzige Quelle und die einzige Grundlage wahrer Gesittung.

Ich habe nun einigen Einwürfen zu begegnen. So haben manche das unsittliche Leben vieler Neger beobachtet und daraus ganz ungünstige Schlüsse auf die Rasse selbst gezogen. Allein für's erste soll man doch

bedenken, daß die Schwarzen eben Heiden und keine
Christen sind. Zweitens ist es ganz und gar unge=
rechtfertigt, von einzelnen Personen oder Stämmen einen
Schluß auf die ganze Rasse zu machen. Der Mensch
ist bekanntlich mehr oder weniger empfänglich für die
Anschauungen und die Lebensweise seiner Umgebung.
Will man also die Moralität einzelner Personen beur=
teilen, so sind die besonderen Umstände, unter denen sie
leben, zu berücksichtigen. Verurteilt man aber ein Volk
oder eine Rasse ohne weiteres, blos auf Grund der
Immoralität einiger Individuen, so heißt das von In=
dividualerscheinungen auf die Gattung schließen wollen,
und kein Gymnasialschüler würde mit solcher Logik ein=
verstanden sein. Gibt es doch auch Christen und selbst
Katholiken, welche durchaus keinen lobenswerten Lebens=
wandel führen. Wenn nun ein Neger aus solchen
schlimmen Erscheinungen auf den Zustand der christ=
lichen Völker schließen würde? Gerade so urteilt man
aber von gewisser Seite über die Neger. Reisende
waren Zeugen von manchen ungerechten und unsittlichen
Handlungen, z. B. Diebstahl, Gewaltthätigkeit, Wollust
u. s. w., — also, schlossen sie, sind alle Neger von
demselben Schlag! Und wäre dieses Urteil wirklich zu=
treffend, würde es dann nicht beweisen, daß die Neger
um so hilfsbedürftiger und erbarmungswürdiger wären?

Ferner haben verschiedene Gelehrte behauptet, die
schwarze Rasse sei zum Aussterben verurteilt. Zum
Beweis führten sie an, daß auch viele andere Völker,
besonders im Orient, untergegangen seien, ohne eine

andere Spur zurückzulassen, als auf den Blättern der
Geschichte und in einigen Resten von Inschriften, welche
der Zahn der Zeit noch nicht zu zerstören vermochte.
Die Hauptursache dieses Untergangs sei ihr sittlicher
Verfall gewesen. Meiner Ansicht nach ist es unnütz,
nach den Ursachen des auffallenden Verschwindens so
vieler Völker zu forschen. Die ganze Weltgeschichte ist
ja gleichsam ein Abgrund von Geheimnissen.

Wo ist die Nation der Chaldäer, deren Wissenschaft,
Kriegskunst und Gewerbe einst in höchster Blüte stan=
den? Wo ist das alte Pharaonenreich der Ägypter,
welche die Lehrer Griechenlands geworden sind in Kunst,
Philosophie und Naturwissenschaft? Wo ist das Reich
Alexanders des Großen, wo das der Assyrer, Meder und
Phönizier? Wo ist der Koloß des römischen Weltreichs,
dessen Untergang die Römer selbst sich nie geträumt
hätten? Welches war das Schicksal des griechischen,
des römisch=germanischen Reichs und so vieler andern
Monarchien und Republiken? Sie alle existieren nicht
mehr. Und die Ursache ihres Untergangs sollte allein
die sittliche Entartung jener Nationen gewesen sein?
Und welches Volk, welche Nation kann behaupten, sich
im Lauf der Jahrhunderte rein und unvermischt erhal=
ten zu haben? Soll die Negerrasse wegen ihrer mo=
ralischen Versunkenheit zum Aussterben verurteilt sein,
so müßte man für manche Reiche und Staaten auch in
Europa ein düsteres Zukunftsbild entwerfen.

Den besten Beweis für die Kulturfähigkeit der
Schwarzen liefern die alten christlichen Negerreiche,

die sich bis tief ins Innere Afrikas hinein erstrecken, die Ruinen von Kirchen, welchen wir an den Ufern des Nil auf jedem Schritt begegnen; ferner jene, welche sich auf Zanzibar und am Kongo finden, nicht zu nennen die einst in hoher Blüte stehenden christlichen Reiche in Ägypten, Abessynien, dem alten Nubien, in Algerien, Mauretanien, Tripolis und den portugiesischen Besitzungen an der Westküste Afrikas: alle diese sind unwiderlegliche historische Zeugnisse für die ehemalige große Ausbreitung und Blüte des Christentums in dem heutzutage so elenden und verwilderten Afrika.

Oftmals von Barbaren überwältigt und vernichtet, vom Türkensäbel unterjocht und später nicht mehr wirksam genug unterstützt, um das Joch der Fremdherrschaft abschütteln und die Übung der christlichen Religion wieder erringen zu können, mußten sie notwendig unterliegen und zu Grunde gehen. Aber fragen wir uns: Welches wäre das Schicksal der christlichen Religion gewesen im Süden und Osten von Europa, in Griechenland, Ungarn, Polen, Österreich und Spanien, wenn Gott es zugelassen hätte, daß die Türken sich dieser Länder bemächtigten? Es unterliegt keinem Zweifel, sie hätten unter Strömen von Blut das Christentum ausgerottet, wie sie es in Afrika und in der europäischen Türkei gethan haben.

Wenn wir Neger, vielleicht Nachkommen von christlichen Martyrern, heute auf dem Punkte angelangt sind, unsere Knice vor der Kaâba in Mekka zu beugen, wenn unsere arme Heimat, die einst im

Norden und am Nil so viele **heilige** Kirchenlehrer, Bischöfe, Einsiedler, Jungfrauen, Martyrer und Bekenner hervorbrachte, zur Einöde und Wüste geworden ist, so **tragen** nicht wir die Schuld, als ob wir etwa von der **Religion** unserer **Väter** hätten abfallen wollen, sondern es mußte deshalb so kommen, weil wir von der **übrigen** Christenheit **gewaltsam** losgelöst, unserer Priester und Bischöfe beraubt und von den christlichen Mächten imstich **gelassen** wurden. Wenn man auch seit einigen Jahrhunderten wieder **an** unsere Zivilisierung und Christianisierung **dachte,** so geschah doch **in dieser Richtung nur** wenig und **nur in** Gebieten unter fremder **Herrschaft.**

Ich gestehe, **daß die Indolenz des Negers nicht** wenig zum **vollständigen Untergang** der afrikanischen **Kirche beigetragen hat.** Denselben Vorwurf kann man aber **auch Europa machen,** weil es selbst in den Gebieten, welche unter europäischer Herrschaft standen, wenig oder nichts für die Christianisierung gethan hat. Oder diente hiezu vielleicht der Sklavenverkauf nach Amerika, der nicht von Arabern, nicht **von** Heiden, sondern von — **Christen** betrieben wurde? Oder war etwa die **Habsucht und** Unsittlichkeit der fremden Herren ein geeignetes **Mittel, jenen** Länderstrichen Kultur und **Christentum zu bringen?** Ist es da noch ein Wunder, wenn der Neger heute auf einer so niedrigen Stufe steht? Darum kann jene **Klasse** von Menschen weder auf **Wissenschaftlichkeit noch** auf Humanität irgend einen Anspruch **erheben,** welche uns in Hinsicht auf geistige

Begabung für weit geringwertiger taxiert als die übrigen Menschenrassen, ja uns geradezu verachtet und den Bestrebungen der Missionäre, die in edler Selbstaufopferung den armen Negern die Segnungen des wahren Glaubens und der Zivilisation bringen wollen, geradezu entgegenzuarbeiten sucht.

Der Neger in seinem jetzigen Zustand gleicht einem Kinde, das sich absolut nicht selbst helfen kann, sondern auf fremde Hilfe angewiesen ist. Darum ist es Sache der echten, wahren Humanität, nicht uns zu verachten und imstiche zu lassen, sondern uns aus dem physischen und moralischen Elend herauszuziehen. Einen Beweis dafür, daß die aufgewendete Mühe nicht fruchtlos wäre, liefert der bedeutende Aufschwung, den gegenwärtig die Neger in Amerika und besonders in den Vereinigten Staaten nehmen. So lange sie Sklaven waren, konnten sie ihre geistigen Fähigkeiten nicht entwickeln. Seit Abschaffung der Sklaverei und Einführung obligatorischer Negerschulen zeigen sie sich so intelligent und bildungsfähig, daß manche von ihnen schon hohe Staatsämter in der Unionsregierung begleiten konnten. Dieses Beispiel dürfte doch unzweifelhaft dafür sprechen, daß ihr sonstiger niedriger Zustand nicht ein der Natur anhaftender Mangel, sondern rein zufällig, von ungünstigen Umständen des Ortes, der Zeit und der Lebensverhältnisse verschuldet ist. Der Neger bleibt aber überall Neger, sei er in Afrika oder Amerika, in Asien oder Australien. Kann er nun in Amerika vorwärtsschreiten in Wissenschaft und Religion, warum nicht auch in

Afrika? Der Neger ist **aber** auch überall **Mensch**, trotz der **Farbe** und **mancher** Verschiedenheit in der physischen Konstitution gegenüber andern Rassen. Der Europäer ist nicht gelehrt oder zivilisiert, weil er schlank oder untersetzt, groß oder klein ist, oder wegen der **weißen Farbe, so** wenig als der Chinese es ist wegen **der** gelben und **der** Inder wegen der braunen Farbe. Die Neger stammen gleich den andern großen Völkerfamilien des Menschengeschlechts von demselben Vater ab, sie bilden nur einen Zweig an demselben Baume. Aber dieser Zweig wurde abgeschnitten. Während andere Völker, die ebenfalls in den Zustand der Barbarei herabgesunken waren — **so tief sank** übrigens kein Volk wie die Negerrasse, — durch die Berührung mit andern höherstehenden Nationen sich **wieder** allmählich empor**arbeiten** und mit **Hilfe** beständigen Ideenaustausches **sich weiter** entwickeln konnten, so war dies beim Neger nicht der Fall und deshalb mußte er zurückbleiben. Was er an **Zivilisation** etwa von den Ägyptern, Phöniziern, Chaldäern, Assyrern, Griechen und Römern hatte gewinnen können, wurde ihm durch Barbaren wieder entrissen. **Niemals** aber haben sich die Neger gegen Zivilisationsversuche **europäischer** Nationen, unter deren Herrschaft **sie** standen, hartnäckig gesträubt, sofern sie nur menschenwürdig behandelt **wurden.**

Das Beispiel, welches **die** Philosophen anführen, nämlich daß, wenn ein Kind vor Erlangung des Gebrauchs seiner Vernunft von allem Verkehr mit Menschen abgeschnitten würde, es keine Idee von Gott und übersinnlichen Dingen erhalte, dies Beispiel erklärt sehr gut den zurückgebliebenen Zustand, in welchem die von jeder engern Verbindung mit der zivilisierten Welt abgetrennten Neger sich befinden.

Wenn nach einigen Schriftstellern, unter ihnen der Afrikareisende Schweinfurth, die Neger in frühern Zeiten eine gewisse höhere Kultur und Zivilisation besessen haben und wenn man die Ursache des Herabsinkens von jener höhern Stufe nicht begreifen kann, so denke man an die gegenwärtige abgesonderte Lage der Neger und man wird einsehen, daß ihre Erniedrigung nicht einzig und allein von sittlicher Verkommenheit herrührt. Ich behaupte nicht, daß wir Neger in sittlicher Hinsicht zu den Guten gehören; weit entfernt, man kennt ja die moralischen Verirrungen, die bei manchen Stämmen geradezu schauerlich sind. Aber das ist noch kein Grund, um die Sinnlichkeit als die Hauptursache des erbarmungswürdigen Zustandes, in dem wir uns befinden, zu bezeichnen. Die Verlassenheit des Negers ist die tiefste Ursache seiner Verkommenheit.

Zweites Kapitel.

Der Neger unter dem Islam.

Die schlimmen moralischen Grundsätze des Islam sind die zweite Hauptursache des traurigen Zustands der Neger in Afrika und Asien. Der Muhamedanismus erlaubt und begünstigt einmal die Sklaverei, und zwar zu dem doppelten Zweck, um die Neger seiner Herrschaft unterwerfen, und sodann um sie zu Werkzeugen der Leidenschaften seiner Anhänger und zu Arbeitstieren herabwürdigen zu können. Es werden deshalb jährlich wenigstens 100 000 Neger geraubt und aus ihrer Heimat fortgeschleppt. Aber auch in den Negerländern selbst sucht der Islam mit nicht geringerem Eifer Propaganda zu machen. So nehmen viele Neger, entweder als Sklaven der Araber oder in der Heimat, meist gezwungen, den Muhamedanismus und mit ihm auch dessen Schlechtigkeiten und Laster an, welche der Koran, Muhameds religiöses und bürgerliches Gesetzbuch, geradezu heiligt.

Es wird wohl niemand, der gesunden Menschen=

verstand besitzt, leugnen wollen, daß der Islam den Menschen notwendig entsittlichen muß, da er ihm die schändlichsten Handlungen erlaubt. Die menschliche Seele, welche nach einem bekannten Wort Tertullians von Natur aus christlich, d. h. zur wahren Religion und Sittlichkeit angelegt oder veranlagt ist, scheut vor gewissen Handlungen zurück, eben weil dieselben ihrem sittlichen Gefühl widersprechen. Wird aber auf die Schlechtigkeit das Siegel der Religion gedrückt, so begeht sie der Mensch ohne den geringsten Gewissensskrupel, ja er ist fest überzeugt, damit einen verdienstlichen Akt zu vollbringen. Heißt es aber nicht den Menschen tief erniedrigen, wenn man ihm gestattet, zu leben schlimmer wie das unvernünftige Tier? Und das thut gerade der Islam: er duldet, gestattet, ja sanktioniert geradezu alles Unreine und was damit zusammenhängt. Wer den Geist des Islam kennt, bedarf keiner Beweise für diese Behauptung. Nur einige Stellen aus dem Koran seien angeführt.

Bekanntlich gab Muhamed vor, der Koran sei unter göttlicher Eingebung verfaßt und die in ihm enthaltenen Vorschriften seien für alle Muselmanen streng verbindlich. Hören wir nur einige derselben. In der 4. Sure spricht Gott also zu Muhamed: „Du kannst Dir soviel Weiber nehmen, als Dein Vermögen gestattet, ausgenommen die schlechten und wollüstigen. Wer aber kein genügendes Vermögen besitzt, um freie und gläubige Frauen heiraten zu können, der nehme Sklavinnen, die gläubig geworden sind."

In derselben Sure spricht Muhamed im Namen Gottes zu seinen Anhängern:

„Wenn Ihr fürchtet, Eure Kinder nicht genügend ausstatten zu können, so nehmt nur eine, zwei, drei oder höchstens vier Frauen; wer aber auch so nicht auszukommen glaubt, der nehme nur eine Frau und lebe mit geraubten Sklavinnen."

Ich weiß nicht, ob es mehr dem Mangel an richtigem Urteil oder an Glauben und sittlichem Gefühl zuzuschreiben ist, wenn man in Büchern und Zeitungen zu behaupten wagt, der Islam sei für den Neger die rechte Religion; er sei geeignet, ihm als Vorbereitungs- oder Durchgangsstadium für das Christentum zu dienen, indem er den Neger auf eine höhere Stufe erhebe, als es die im Heidentum eingenommene sei.

Diese Behauptung ist grundfalsch. Wie schon oben bemerkt, soll die Religion ihrer Natur und Bestimmung nach hinzielen auf Vervollkommnung und Heiligung des Menschen, indem sie ihn die ungeordneten Leidenschaften bezähmen lehrt und auf den Weg zum ewigen Ziel hinweist. Nichts von all dem findet sich aber im Islam. Die „morolischen" Vorschriften des Koran sind keineswegs geeignet, zu einem sittlichen Leben anzuleiten. Die verschiedenen äußeren Werke der Barmherzigkeit, Gebets- und Bußübungen, die wir verrichten sollen, sind nicht Kern und Wesen der Sittlichkeit, sie sind vielmehr blos Mittel, um die Leidenschaften des Hasses, des Stolzes, der Grausamkeit und Fleischeslust leichter unter die Herrschaft der Vernunft beugen zu können.

Der Muselmann übt zwar all jene äußeren religiösen Werke, und vielleicht in viel strengerem Maß und größerem Umfang als sehr **viele Christen**. Aber was ist die Frucht davon? — Ein Leben der Ausschweifung, Haß gegen den **Nebenmenschen**, sei er Freund oder Feind, unersättliche Gier nach fremdem Eigentum, Rachsucht und überhaupt **alles, was der bösen Begierlichkeit** entspricht, diesem **traurigen Erbteil der gefallenen Menschennatur**. Was nützt es mir, **Gott** tausendmal in einer Minute anzubeten, **wenn ich** mich gleich nachher in tausend Laster stürze? Welchen Wert **hat es für mich**, alle Güter an die Armen auszuteilen **und mein** Brot von Haus zu Haus zu erbetteln, wenn ich dabei vom Neid gegen die Reichtümer anderer fast verzehrt werde und es mir **zum Verdienst anrechne, sie mit rechten oder unrechten Mitteln um ihre Habe zu bringen?** Was kann es mir **nützen, meinen Leib mit Fasten** und Kasteiungen aller Art zu züchtigen, wenn ich gleichzeitig auf Rache gegen **meine Beleidiger** sinne? Soll das Religion sein, **dann ist mir ein Atheist** viel lieber, der mit seinem Nebenmenschen blos nach dem Grundsatz lebt: „**Was du nicht willst, daß man dir thu', das füg'** **auch keinem andern zu."**

Der Islam ist also nicht gut und sittlich an sich. Aber ist er vielleicht **doch gut für den Neger?** In dieser Frage **ist die dogmatische und moralische Seite zu unterscheiden. Insofern der Islam** den monotheistischen Gottesbegriff **hat, d. h. die Lehre** von dem Einen Gott, **dem Schöpfer, Erhalter und letz-**

ten Ziel aller Dinge, steht er allerdings höher als der Fetischdienst; denn es ist **offenbar besser**, eine klare Idee von Gott, dem Urheber unseres Daseins und Wesens, zu haben, **als eine verworrene oder gar keine zu besitzen**. Dies ist selbstverständlich und braucht nicht in Büchern und Zeitungen weitläufig auseinandergesetzt zu werden. In dem angegebenen Sinne kann der Satz wohl zugegeben werden: Der Islam ist jedenfalls besser für den Neger als der Fetischdienst. Ganz anders gestaltet sich die Sache, wenn wir sie von der **moralischen** Seite betrachten. Der Muhamedanismus kann nie und nimmer den Neger zum Christentum und zur Civilisation vorbereiten, denn er trägt gar kein religiöses Moment in sich, außer dem Monotheismus. Es ist aber weit besser, man habe eine weniger bestimmte Idee von Gott und lebe nach dem Naturgesetz, als man habe eine solche und lebe nach der Moral des Islam.

Oder soll dieser vielleicht in **sozialer Beziehung** eine **Vorbereitungsstufe für die Zivilisation** bilden können? Dies ist ebensowenig möglich. Denn jede geordnete Gesellschaft ist auf das Prinzip der Gerechtigkeit gegründet und auf dasselbe angewiesen; dieses fehlt aber gerade der Religion des Islam. Wesentliche Grundlagen jedes gesellschaftlichen und staatlichen Lebens sind ehrbare Sitten, Redlichkeit im Handel und Verkehr und gegenseitiges Vertrauen zwischen Vorgesetzten und Untergebenen. Man nehme dies alles weg, und das ganze Gemeinwesen löst sich auf in eine Herde von Böcken, in eine Bande von Lügnern und Räubern, in eine wahre Hölle des nacktesten Kommunismus: eben dies ist das treueste Bild des Islam. Der religiöse Fanatismus, der Haß und das in die Hand des einzelnen gelegte Recht der Blutrache bilden doch alles andere, nur nicht ein vorbereitendes Element für zivilisatorischen und sozialen Fortschritt.

Untersuchen wir endlich, ob der Islam zur politischen Wohlfahrt der Völker führe, so zeigt sich derselbe in seiner ganzen schauerlichen Gestalt. Halten wir einen kurzen geschichtlichen Rückblick. Ehe der Muhamedanismus in die Negerländer eindrang, hatte er schon in Mesopotamien, Ägypten, Tripolis, Algier, Marokko, Südspanien, Palästina, Syrien, Kleinasien, der europäischen Türkei u. s. w. festen Fuß gefaßt. Niemand wird leugnen wollen, daß Religion und Kultur in all diesen Ländern entweder in schönster Blüte standen oder doch nicht gänzlich verschwunden waren. Heute ist alles weggefegt, wo immer der Islam festen Fuß gefaßt hat.

Es ist ferner ungemein schwer, sich aus dem Islam zum Christentum zu erheben, wegen der **Polygamie, des Fanatismus, des Fatalismus und der Blutrache**. Dies zeigt wiederum die Geschichte. Als der Islam in Westasien und Nordafrika eindrang, war dort die christliche Religion schon verbreitet. Durch die Religionskriege seit Muhamed wurden viele Völker gezwungen, die Religion desselben anzunehmen. Die Kirche unterließ es niemals, in jenen Ländern das Evangelium predigen zu lassen, seitdem der Zutritt in dieselben wieder offen stand, aber mit welch' geringem Erfolg, ist bekannt. Ja, ich bin fest überzeugt, daß selbst ein Europäer, der einmal den Islam angenommen, um so schwerer sich wieder bekehren wird, je mehr die Schlechtigkeit und Unsittlichkeit dieser sogenannten Religion sein ganzes Wesen ergriffen und vergiftet hat. Um wieviel schwieriger muß es also sein, den im Muhamedanismus aufgewachsenen Neger für das Christentum zu gewinnen, der niemals bessere religiöse Grundsätze gekannt hatte? Die größte Schwierigkeit bereitet offenbar die Polygamie. Diese findet sich nun allerdings auch bei den heidnischen Stämmen und Völkern, und bildet auch hier für die Missionäre meist das größte, wenn nicht einzige Hinderniß, und zwar deshalb, weil man jenen nicht nachweisen kann, die Polygamie widerspreche geradezu dem Naturgesetz. Aber der muhamedanische Neger läßt noch weniger davon ab, da der Islam die Polygamie sogar mit einer religiösen Weihe umgiebt. Überhaupt hatte der Prophet von Mekka klug berechnet, daß ihm die Ausbreitung seiner neuen Sekte am besten gelingen werde, wenn er seinen Anhängern im Namen Gottes alles Sinnliche und Gemeine gestatten würde. Und so wird durch den Islam das ganze Menschenwesen in seinem innersten Grund verdorben, vergiftet, verroht und vertiert, die Vernunft verfinstert, der Wille gelähmt und abgestumpft, so daß beide Seelenkräfte für alles Höhere unempfänglich gemacht werden.

Muhamed, wohl überzeugt von der Falschheit seines

Religionssystems, verbot seinen Anhängern **das Studium** überhaupt, insbesondere **aber** das Studium **jeglicher** von der seinigen verschiedenen Religion, sowie auch den Besitz irgend einer religiösen Schrift außer dem Koran. **Dieser**, ein Durcheinander von **Heidentum**, Judentum und **Christentum** — aber von allem nur die Außenseite —, ist ganz und gar ungeeignet, Vernunft und Willen zu richtigem Denken und Leben anzuleiten. Daher der Zustand der Unwissenheit, Unsittlichkeit und des Fatalismus, welcher schon so viele Jahrhunderte hindurch bei den dem Halbmond unterworfenen Völkern andauert und auch fernerhin andauern wird. Diese Mißerfolge des **Islam** dürften doch aufs klarste seine zivilisatorische Ohnmacht beweisen, sowie seine gänzliche Unfähigkeit, den Menschen auf das Christentum vorzubereiten.

Allerdings stand in der **Periode der Religions**- und **Eroberungskriege** die Intelligenz und Energie der **Muhamedaner** noch in voller Kraft. Als aber Friede in ihrem Reich eintrat und das tödliche Gift der schmutzigen Lehre **des Propheten von Mekka** auf die siegreichen Araber wie auf die besiegten Völker zu wirken begann, **zeigten** sich sofort die Symptome der Erschlaffung, der Entsittlichung und des Zerfalls. Einige Jahrhunderte lang hatten sie Philosophen, Astronomen, Mathematiker, Geschichtsschreiber und **Dichter**; allein jenes schwache **Licht**, das die schauerliche Nacht des Irrtums, des **Wahns** und der sittlichen Verkommenheit noch ein wenig erhellte, mußte allmählich erlöschen.

Heute hat der Geist des Islam den ganzen Organismus des osmanischen Reiches verwüstet, und wenn der türkischen Macht noch nicht aller Lebensodem ausgegangen ist, so dankt sie dies der Zerrissenheit der europäischen Politik, welche ihr letztes Stündchen zum Schaden und zur Schande der Menschheit immer noch etwas hinauszuschieben hilft.

Im ersten Kapitel haben wir den niedrigen Zustand des Negers in seiner Heimat betrachtet, wo er ohne Kultur und Religion lebt, weil niemand ihn unterrichtet. Suchen wir nun zu erforschen, welche Fortschritte ihm die Religion des Islam gebracht habe.

Er bringt ihm die **Sklaverei im fremden Lande.** Der Neger in der afrikanischen und asiatischen Türkei ist Sklave. Sein Herr zwingt ihn, den Muhamedanismus anzunehmen, oder der Neger nimmt denselben vielmehr freiwillig an, um sich nicht immer mit dem Namen „ben el Kafer" d. h. „Sohn des Ungläubigen", beschimpfen lassen zu müssen. Dieser Religionswechsel ist also lediglich ein Produkt der Furcht, nicht der Überzeugung. Des Negers ganzer religiöser Unterricht besteht nun darin, daß er eine höchst unbestimmte Idee von Gott bekommt und Muhamed als dessen Prophet kennen lernt, nach der bekannten Glaubensformel: „La ilah illa Allah va Muhammed rassul Allah", d. h. „Es gibt kein göttliches Wesen außer Gott und Muhamed ist der Prophet Gottes."

Dagegen wird er in kurzer Zeit mit allen Schlechtigkeiten seines neuen Herrn bekannt und wird selbst schlecht, jedenfalls schlechter als er vorher war. Denn er wird lügnerisch, diebisch, träge, meineidig, unzüchtig in der allerschlimmsten Bedeutung des Wortes, und eignet sich überhaupt alle guten Eigenschaften eines rechten Muselmannes an! Man glaube nicht, er handle im allgemeinen aus Unkenntnis über die innere Verwerflichkeit jener Laster, da ja sein eigenes Gewissen dagegen Zeugnis ablegt; er bedient sich ihrer vielmehr als bequemen Mittels, um zwei Herren dienen zu können, nämlich Gott, da der Koran dieselben für verdienstlich erklärt, und seinen Leidenschaften.

Die Negersklaven werden zum Handel, zu Haus- und Feldarbeiten verwendet. Ein Teil der Sklaven wird zur Bewachung des Harems bestimmt, und um jede Gefahr der Pflichtvergessenheit abzuschneiden, müssen sich diese der ebenso schmerzlichen als erniedrigenden Operation der Entmannung unterziehen: sie werden Eunuchen. Ein Teil der Sklavinnen werden Kebsweiber ihrer Herrn, oder dieser prostituiert sie, giebt sie feil, damit sie ihm auf die allerschmutzigste Weise Geld verdienen.

In welchen Sumpf des größten physischen und moralischen Elends die armen Neger nunmehr versinken, kann man sich wenigstens annähernd vorstellen. Kann es noch eine schlimmere Schule jeglicher Gemeinheit geben? Setzen wir auch den Fall, der Herr würde ohne Erben seiner Güter und Sklaven sterben und diese somit die Freiheit erlangen, was ist dann für sie gewonnen? Da sie sich auf ehrliche Weise ihren Lebensunterhalt nicht verdienen können und auch sonst niemand für sie sorgt, erscheint ihnen als leichtestes und bequemstes Auskunftsmittel die Fortsetzung ihres unsittlichen Gewerbes.

Nichts ist trauriger und trostloser, als einen Negersklaven im Hause eines Arabers zu sehen. Aus der Mitte seiner Eltern, Geschwister und Verwandten weggerissen und aus der Heimat fortgeschleppt, wie eine gewöhnliche Marktware durch tausend Hände gegangen, gelangt er endlich an seinen Bestimmungsort. Der Araber, der ihn zuletzt gekauft, rechnet ihn nun zu seinem Kapital. Solange sein zartes Alter noch keine schwereren Arbeiten gestattet, bleibt er im Hause des Arabers, der ihn schlechter behandelt als seinen Hund, da diesem wenigstens die Liebe des Herrn nie mangelt. Er muß alle häuslichen Geschäfte besorgen: die Zimmer reinigen und herrichten, Wasser holen, die Strohmatten zum Gebet ausbreiten, Kaffee kochen und servieren, alles zur bestimmten Stunde; wehe ihm, wenn er etwas vergißt oder den geringsten Fehler macht! Vor und nach der Mahlzeit muß er sich pünktlich einfinden, um seinem Herrn die Hände zu waschen und ihn zu bedienen. Kann der Araber während der Nacht nicht schlafen, so muß der Sklave ihm Kaffee bereiten, den Körper abreiben, oder auch eine Sklavin nach der andern rufen, zur Befriedigung tierischer Lüste. Wenn der Araber zu Besuchen ausgehen will — und dies kommt so oft vor als Tage im Jahre sind —, so muß der Neger mit dem gesattelten Pferd oder Kamel bereitstehen, selbst aber rasch den ganzen Tag zu Fuß hinter ihm dreinlaufen. Die Nahrung ist gerade genügend, ihn vor dem Hungertode zu bewahren. Des Abends darf er einen Winkel aufsuchen, um dort die Nacht zu verbringen und einige Stunden zu ruhen. Ist er soweit erstarkt, daß er größere Strapazen ertragen kann, so schickt man ihn aufs Feld, damit er mit den übrigen Sklaven die Grundstücke seines Herrn bebaue, oder er muß um Tagelohn arbeiten; was er verdient, gehört aber nicht ihm selbst, sondern dem Herrn. Für ihn giebt es keine Gerechtigkeit: der Araber kann über Leib und Leben seiner Sklaven frei verfügen, wann und wie es ihm beliebt. Für ihn giebt es keine Barmherzigkeit; keine auch noch so geringfügige Verschuldung wird ihm verziehen, sondern aufs strengste, mitunter sogar mit dem Tode bestraft!

Solange der Sklave gesund und stark ist und dem Araber Gewinn bringt, sorgt dieser geradeso für ihn, wie ein Eseltreiber für seinen Esel, ja noch weniger, da der letztere wenigstens an den Tagen Ruhe hat, an welchen er nicht arbeiten kann. Erreicht er zu seinem größten Unglück ein höheres Alter, wo es ihm seine Kräfte nicht mehr gestatten, ein Stück Brod zu verdienen, so jagt man ihn aus dem Hause; und wird er krank, so schleppt man ihn in die Wüste hinaus, wo die wilden Tiere, mitleidiger als die Menschen, das traurige Dasein des Armen abkürzen, wenn nicht Gift ihnen zuvorgekommen ist! (S. das Bild auf dem Umschlag.)

Noch trauriger ist das Schicksal der Sklavinnen,

insbesondere der Mädchen. Haben sie noch nicht alle Schönheit verloren, so werden sie dem Harem einverleibt. Die einen müssen den ganzen Tag für Sklaven und Herrn Speisen zubereiten; die andern werden in die Häuser der Unzucht geschickt oder zu schweren Arbeiten verwendet. Des Nachts müssen sie, anstatt dem Körper die nötige Ruhe zu gönnen, der Wollust des Arabers dienen. Wehe ihnen, wenn sie sich weigern oder den geringsten Widerstand leisten: dies würde als Majestätsbeleidigung angesehen werden. Ich will nur ein einziges Beispiel anführen. Als ich mich noch in der Stadt El-Obeid in der Sklaverei befand, kamen wir eines Morgens an den Brunnen Fakis, des Bruders meines Herrn Muhamed Achmed Dafa-Allah, um Wasser zu schöpfen. Unter den anwesenden Sklaven befand sich auch ein Mädchen, eine Landsmännin von mir, von ungefähr 15 Jahren. Ich sah, daß sie mit noch frischen Wunden ganz bedeckt war und fragte sie teilnehmend, wer sie denn mißhandelt habe. Sie antwortete: „Mein Bruder, frage mich nicht; Du weißt ja, wem ich diene. Da unser Herr vergangene Nacht nicht schlafen konnte, ließ er uns alle in sein Schlafgemach holen. Ich hatte mich versteckt und war nicht bei den übrigen. Er suchte mich und da er mich nicht fand, ließ er im Schlafsaal der Sklavinnen nach mir suchen. Man führte mich zu ihm und das Weitere siehst Du." Das sind keine Übertreibungen; ich habe vieles selbst erduldet und vieles erdulden sehen in meiner blos zweijährigen Sklaverei. Wem ein so furchtbares Los beschieden ist, der ist versucht, den Tag und die Stunde seiner Geburt zu verfluchen!

Jetzt kennen wir die Art und Weise, wie uns der Islam auf die christliche Religion und Kultur vorzubereiten versteht! Jetzt wissen wir, was der Islam zur geistigen und sittlichen Hebung der Negerrasse thut in dem berühmten 19. Jahrhundert, dem Jahrhundert der Freiheit, Gleichheit und Brüderlichkeit! Nicht wahr, ihr großen Philanthropen und Doktoren Europas, solange ihr hinter dem Ofen sitzt, umgeben von einer fröhlichen Kinderschar, und mit dem alten römischen Dichter sprechen könnt: „Quam juvat immites ventos audire cubantem" — „Wie schön ist es, im warmen Bett den rauhen Winden zu lauschen!" — habt ihr gut schwätzen und schöne Hypothesen aufstellen? Aber probiert es einmal, die Sache in der Nähe anzusehen und jenes Leben selbst mitzumachen, das ich eben beschrieben, und ihr werdet, einer wie der andere, eure Ansicht gleich am ersten Tage ändern.

Aber der Islam korrumpiert den Neger nicht blos in der Sklaverei, sondern auch in seiner Heimat. Hören wir darüber Männer, welche die türkische „Zivilisation" im Herzen Afrikas aus eigener Anschauung kennen gelernt haben. So sagt Doktor Schweinfurth mit Bezug auf den ägyptischen Sudan: „Die Verhältnisse (im muhamedanischen Sudan), führen dem Beobachter so recht das Bild vor Augen, welches der Islam im Großen und Ganzen bei seiner Beeinflussung anderer Völker in retrograder Kulturrichtung zu erkennen giebt. Wie im zentralen Sudan, in Bornu und den Tsadseeländern, so äußerte auch bei dem Bongovolke der erobernde Islam seine zerstörende Gewalt, welche in verhältnismäßig kurzer Zeit alle Gewerbthätigkeit unterdrückt, überall Wüsten schaffend in seinem Gefolge. Unter dem Deckmantel einer jeder Moral entbehrenden Religion betrachtet er alle Räubereien, welche er an fast wehrlosen Wilden begeht, als Heldenthaten, für welche ihm die Freuden des Paradieses winken." (Im Herzen von Afrika. I. S. 228).

Ein Beispiel, das P. Horner berichtet, wird genügen, um zu beweisen, wie unter dem Islam nicht blos die Kultur der Neger rückwärts geht, sondern auch die Sittlichkeit, nicht etwa gehoben, vielmehr verschlechtert wird. Der Missionär erzählt von dem König Kingaru von Ukami, einem Vasallen des Sultans von Zanzibar, und sagt: „Aus Furcht, ohne Nachkommen zu sterben, machte Kingaru ein Gesetz von empörender Unsittlichkeit. Jeder Familienvater mußte ihm nämlich seine Töchter ausliefern, sobald sie in das Alter der Reife gekommen waren. Gefiel ein Mädchen dem Könige, so behielt er es, im andern Falle schickte er es zurück oder verkaufte es als Sklavin. In dieser Weise gelang es ihm, einen Harem von achthundert Frauen zu erhalten. Der Sultan von Zanzibar wurde schließlich eifersüchtig und verbot dem Könige die weitere Vermehrung seines Harems." (Schneider, Die kathol. Mission von Zanguebar, S. 233.) Kingaru aber ist Muhamedaner, wie überhaupt alle die kleinen afrikanischen Könige, welche zu arabischen oder türkischen Herrschern in Beziehung stehen oder von solchen abhängig sind.

Was die sittliche Verderbnis, insbesondere die Prostitution betrifft, so ergiebt eine Vergleichung der heidnischen Negerbezirke mit den unter türkischer Herrschaft stehenden Ländern, daß es in den letzteren weit schlimmer aussieht, als in den ersteren. Bei den Arabern ist ein Kind von kaum vier oder fünf Jahren schon mit jeglicher Gemeinheit vertraut, so daß man sich unwillkürlich des Wortes des hl. Augustinus erinnert: „Tantillus puer et tantus peccator" — „ein so junges Kind und ein so großer Sünder!" Ich gebe zu, daß die Neger in diesem Punkt auch nicht die besten sind; aber ich appelliere an die Wahrheitsliebe der Missionäre und Forscher, die unter heidnischen, vom Islam niemals angesteckten Negerstämmen gelebt haben. Sie mögen sagen, ob sie dort je eine solche Sittenverderbnis gefunden haben, wie man ihr in allen moslemitischen Städten begegnet. Sie sollen bezeugen, ob sie bei den sogenannten Wilden im Sudan jene furchtbaren Krankheiten, die notwendigen Folgen der Prostitution, gefunden haben, wie sie in muhamedanischen Städten an der Tagesordnung sind — und wollte Gott, sie wären es blos in diesen! Sie mögen bezeugen, mit welch zahlreicher Nachkommenschaft die Ehen der heidnischen Neger gesegnet sind im Vergleich zu jenen, die sich zum Islam „bekehrt" haben. Der Ehebruch gilt dort als ein verabscheuungswürdiges Verbrechen, wie es unter gesitteten

Völkern sein sollte, und wird aufs strengste bestraft, wenigstens bei den Dinka; ebenso die Blutschande. Man hat noch nie gehört, oder erlebt, daß derartige Verbrechen, welche schon das natürliche Gefühl verabscheut, bei den Muhamedanern je bestraft worden wären. Das angeborne Gefühl des Abscheus und der Scham, das den Menschen von solchen unsittlichen Handlungen abzuhalten pflegt, wird von der Religion Muhameds vollständig erstickt, und so erlaubt man sich Dinge zu thun, die man vorher, wenigstens öffentlich, niemals zu thun gewagt hätte; ja man hält sie sogar für verdienstliche Werke, da ja Muhamed ein Paradies dafür verheißt, welches glücklicherweise nur den Jüngern des Propheten von Mekka zuteil wird.

Daß selbst die in krasses Heidentum versunkenen Neger im Punkte der Sittlichkeit sich häufig vorteilhaft von den Muhamedanern unterscheiden, läßt sich aus manchen Berichten von Reisenden im Innern Afrikas beweisen. Wie soll denn der Muhamedanismus die Religion sein, durch die der Neger aus seinem Kulturelend erhoben werden soll? Der Muhamedanismus ist absolut unfähig zur Zivilisation, wie sein Wesen, die Geschichte und Erfahrung beweisen. „Nur christliche Nationen vermögen dieser Pflicht zu genügen. Der Islam, der in Afrika seit Jahrhunderten herrscht und immer weiter vorwärts bringt, kann und will nur das Gegenteil bewirken. Menschlichkeit und religiöses Gefühl fordern mit Macht, diese Völker aus ihrer Barbarei herauszureißen. In welcher Weise die zivilisierten Nationen dies auch versuchen mögen, das Christentum muß wesentlich dabei mitwirken. Aber der Apostel solcher Völkerschaften zu werden, ist die That eines Opfergeistes, welcher allein aus der Gnade Gottes mitgeteilt werden kann, ein Heldenmut, den die christliche Welt bewundert, ein Werk der Humanität, das von den kommenden Geschlechtern gesegnet werden wird". (Schneider, Kath. Miss. in Zanguebar, S. 62, 63.)

Drittes Kapitel.

Der Neger im Christentum.

Das Christentum ist das einzige Mittel, um zur wahren Zivilisation zu gelangen. Es ist der große Pädagoge des Menschengeschlechtes, indem es die Wiedererhebung des Menschen zur ehemaligen Würde bezweckt, in welcher er geschaffen war, von der er aber zu seinem größten Unglück herabgesunken ist.

Ich habe mir die Aufgabe gestellt, die Frage zu beantworten: Kann insbesondere die Negerrasse ohne Christentum zur Zivilisation gelangen? wird sie durch dasselbe wirklich dahin gelangen?

Was ist wahre Zivilisation? Sie besteht nicht etwa in schöner Kleidung, Höflichkeit und feinen Umgangsformen. Sie besteht auch nicht in Gewerbefleiß, Geschäftsgewandtheit, Erfahrung und Umsicht im Handel und Verkehr. Sie besteht endlich nicht in Entdeckungen und Erfindungen oder in überlegener Politik, äußerer Macht und Kriegskunst. Dies alles ist blos materielle Bildung, ist klos die äußere Schale der wahren Zivilisation.

Der innere Kern aber ist richtiges Denken und Handeln nach den Lehren des Glaubens und den ewigen Gesetzen der Sittlichkeit. Alles andere hängt nicht unmittelbar mit Wesen, Ziel und Bestimmung des Menschen zusammen; ja die äußere Bildung ist geradezu wertlos, wenn die innere fehlt.

Einst war der heidnische Orient Sitz der Zivilisation, während der Westen noch in der wildesten Barbarei versunken war. Nun ist die orientalische Zivilisation fast verschwunden und der Occident hat sich derselben bemächtigt und sie zu höherer Vollendung geführt. Suchen wir die inneren Gründe dieser auffallenden Erscheinung zu erforschen.

An zwei großen Übeln krankte fortwährend der Organismus der antiken Gesellschaft: diese waren der Götzendienst und die Sklaverei. Der erstere verdunkelte den Verstand und machte den Menschen immer unfähiger, das Wahre und Gute zu erkennen. Letztere löste den Verband der Gesellschaft auf, indem sie die Menschenwürde und Menschenrechte der Mehrzahl mit Füßen trat und dieselbe wie Tiere unter das grausame Joch einer kleinen Minderzahl beugte, anstatt alle durch das Band gegenseitiger Achtung und einer vernünftigen Unterordnung zu einigen. Durch die wahre Religion mußten beide Übel entfernt werden: sie brachte mit dem Glauben an Einen Gott und Einen Vater aller Menschen auch die Erkenntnis, daß alle unter sich Brüder sind, Glieder Einer Familie und Gesellschaft. Aus eigener Kraft vermochte das Heidentum sich nicht zu besserer Erkenntnis zu erheben. Als die Zivilisation der orientalischen Völker verfiel, eignete sich das Abendland nicht blos die materiellen und intellektuellen Errungenschaften des Orients an, sondern es erhielt von dem Christentum überdies die Befreiung von den obengenannten Übeln. So ging der Occident nicht blos schrittweise, sondern gleichsam im Flug vorwärts und überholte den Orient.

Der sittliche Zustand der europäischen Völker war zur Zeit des Heidentums nicht viel besser als derjenige der heutigen Heiden. Erst das Christentum brachte den Geist wahrer Freiheit und Gerechtigkeit, indem es dem Mißbrauch roher Gewalt gegenüber dem Besiegten aufs schärfste entgegentrat und anderseits demütige Unterwerfung unter den Sieger lehrte. Das Christentum allein hob jenen schrecklichen Grundsatz: „Vae victis Wehe den Besiegten" — auf und machte es möglich, die nach Sprache und Lebensgewohnheit verschiedensten Völker unter das sanfte Joch Eines Souveräns zu vereinigen, wie wir noch heute sehen können. Sollte aber das Mittel, welches dem heidnischen Europa Heilung von seinen Leiden brachte, nicht auch das heutige heidnische Afrika zu retten und zu heilen vermögen?

Das ganze Elend, unter dem die unglückliche Negerrasse seufzt, hat eine doppelte Quelle: Die inneren Zwistigkeiten und Kriege unter den einzelnen Stämmen, und die Sklaverei. Erstere werden aufhören, sobald die Sklaverei verschwindet; somit bildet diese eigentlich das größte, ja einzige Hindernis für die

Zivilisation der Negerrasse. Nun aber ist es gerade der Islam, welcher dieses abscheuliche Institut gleichsam als wesentlichen Bestandteil seiner Religion ansieht und beschützt. Also kann der Neger niemals zivilisiert werden, solange die Herrschaft des Islam in Afrika nicht vollständig gebrochen ist. Aus den Berichten der Missionäre und Reisenden ist zu ersehen, welche Verwüstungen ganzer Länderstriche die Sklavenjagden der Araber im Innern Afrikas angerichtet haben. Solange man diesen Auswürflingen der Menschheit nicht wirksam entgegentritt und sie verhindert, ihre mörderischen Raubzüge gegen die schwarze Bevölkerung fortzusetzen; solange man sie an den Küsten von Afrika, in Asien und selbst in Europa, wenigstens in der Türkei und besonders in Konstantinopel, ihren schmählichen Menschenhandel treiben läßt: solange wird auch eine dauernde Besserung der Zustände im schwarzen Erdteil absolut nicht zu hoffen sein.

Es wäre eine große Undankbarkeit, wenn ich, ein Neger, der seine Freiheit durch Europa und den Katholizismus erhalten hat, nicht anerkennen wollte, daß schon viel für uns geschehen ist. Andererseits kann ich doch nicht verhehlen, daß die Europäer mit Recht von den Arabern verlacht werden, da sie mit muhamedanischen Regierungen Konventionen abschließen zur Abschaffung des Sklavenhandels und ihnen die Ausführung derselben überlassen. Dieses Verhalten zeigt, daß man in Europa entweder die Perfidie des orientalischen Charakters nicht kennt oder keinen ernstlichen Willen hat, die Verträge durchzuführen, oder daß man die genaue Erfüllung aller Vertragsbestimmungen nicht energisch genug verlangt. In diesem Falle wäre es besser, gar keine Konventionen zu schließen, denn so verrät man blos die eigene Schwäche. Solange jene Scheusale, welche Menschen wie das Vieh verkaufen, blos zu einer Geldstrafe oder einigen Jahren Gefängnis verurteilt werden, und zwar blos dann, wenn man sie auf frischer That ertappt; solange dieser Handel sogar unter den Augen der Vertreter europäischer Regierungen ungestraft getrieben wird; solange man die Harems immer wieder mit Negerinnen versehen darf zur Befriedigung tierischer Lust; solange wird der Sklavenhandel fortbestehen und fortgedeihen zum Hohn und zur Schande der Menschheit, wenn auch die Politiker Europas eine Konvention um die andere schließen, um der gebildeten Welt Sand in die Augen zu streuen, und die Hohe Pforte täglich eine Irade ergehen läßt „zur Bekämpfung des Sklavenhandels." Das sicherste Mittel wäre vielmehr, über jeden Sklavenhändler ohne Ausnahme die Todesstrafe zu verhängen, sei er nun Bey, Pascha oder Kadi, Sultan oder Wegelagerer. Auch sollten die europäischen Regierungen ihre eigenen, in muhamedanischen Ländern sich aufhaltenden Unterthanen besser im Auge behalten, da diese bisweilen — leider! — selbst durch Sklavenhandel den christlichen Namen schänden.

Wenn einmal der Sklavenhandel ernstlich verboten ist, auch die möglichen Maßregeln zur Erhaltung der schwarzen Rasse ergriffen worden sind, und wenn dann ihre Unfähigkeit für Zivilisation und Christentum konstatiert werden kann, dann mögen gewisse Schriftsteller fortfahren zu schreiben, der Neger sei nicht kulturfähig.

Sich selbst überlassen aber werden die Neger niemals eine den Arabern imponierende Macht bilden können. Darum sollte man sie anleiten, sich in den verschiedenen, von Europa besetzten Ländern unter einer Oberführung zu vereinigen, um sie so zur geeigneten Zeit gegen die Araber, welche bei jeder günstigen Gelegenheit über sie herfallen, widerstandsfähig zu machen.

Hierbei wäre das **Kolonisationssystem der katholischen Missionäre** von außerordentlichem Vorteil. Dann wäre aber sehr zu wünschen, daß in den christlichen Negerdörfern, welche aus den Neubekehrten gegründet werden und die Kern- und Stützpunkte zur Verbreitung von Bildung und Christentum sind, nicht blos die Religion und die friedlichen Arbeiten gelehrt würden, vielmehr sollten die christlich gewordenen Schwarzen, die nun Freie sind, mit den Mitteln der Verteidigung gegen die Araber bekannt gemacht und **militärisch geschult** werden. Die Neger, die ihre Freiheit gewiß bald zu schätzen wüßten, würden sich in diesem Falle bald nicht blos als gute Christen, sondern auch als tapfere Soldaten erweisen. Solche Versuche sind mit gutem Erfolge am Tanganjika-See gemacht worden. Welch herrlichen Sieg die schwarzen Neubekehrten von Uganda über die Muhamedaner am 5. Oktober 1889 erfochten, wie sie durch ihren von der wahren Religion eingegebenen Patriotismus, durch ihren im Christentum gestählten Heldenmut dem angestammten König den Thron gegen seine islamitischen Feinde wiedereroberten, ist noch in aller Gedächtnis.

Die politische Lage Europas ist unsicher und schwankend, und es wäre gar nicht unmöglich, daß die Europäer eines Tages die in Afrika gewonnenen Positionen aufgeben müßten. Befinden sich dann die Missionsstationen nicht im Verteidigungszustande, so werden sich die Araber die günstige Gelegenheit nicht entgehen lassen, über dieselben herzufallen und die Früchte und Erfolge so vieler Jahre, die unsägliche Opfer an Geld und Menschenleben gekostet haben und noch kosten, an einem Tage zu vernichten. Welch unberechenbarer Schaden wäre dies für die Christianisierung und Zivilisierung der Neger!

Man nehme, um die Missionsstationen in Afrika zu sichern, sich die Reduktionen der Jesuiten in Paraguay zum Vorbild. Wohl ist es nicht unsere Aufgabe, irdische Reiche und Staaten zu gründen, oder gar das Kriegshandwerk selbst auszuüben. Aber wir haben das Recht und die Pflicht, nicht blos unser eigenes Leben und unsere eigene Freiheit zu schützen, sondern auch derjenigen uns thatkräftig anzunehmen, deren geistliche Väter wir geworden sind. Nicht das meine ich, daß die Missionäre sich in jenen Ländern unabhängig machen sollen, wo sie vor den europäischen Mächten festen Fuß gefaßt hatten; sie sollen vielmehr den Negern zugleich mit den religiösen Wahrheiten auch die Notwendigkeit gegenseitiger Einigung begreiflich machen, damit sie ihr Leben und Eigentum gegen die Araber zu verteidigen imstande seien.

Die **Mission von Zentralafrika** gründete ums Jahr 1874 eine Niederlassung unter den Nuba, welche in blutigem Vernichtungskampfe gegeneinander lagen. Die Missionäre begnügten sich nicht damit, ihnen das Evangelium zu predigen, sondern suchten auch die einzelnen Stämme miteinander zu versöhnen und sie zum gemeinsamen Kampf gegen die Giallaba und Baggarah zu vermögen. Und dieser Organisationsversuch wäre den Missionären auch sicher gelungen, wenn nicht der Aufstand des Mahdi im ägyptischen Sudan dazwischen gekommen wäre. Das ist es, worauf die Missionäre unter denjenigen Stämmen, welche noch unabhängige Territorien bewohnen, neben dem religiösen Unterricht das Hauptaugenmerk richten müssen: das neu gewonnene Gut des christlichen Glaubens soll durch Wahrung der eigenen Freiheit geschützt und erhalten werden.

Die **Zweifel**, welche man in die Bildungsfähigkeit des Negers sowohl in intellektueller als in sittlicher Beziehung bis in die neueste Zeit hinein gesetzt hat und zum Teil noch setzt, entbehren jeglicher positiven Grundlage. In den beiden ersten Kapiteln habe ich die verschiedenen Gründe unseres zurückgebliebenen Zustands besprochen. Nun will ich **Autoritäten** das Wort lassen, die hierin ein kompetentes Urteil haben, dabei aber gewiß nicht im Verdacht besonderer Voreingenommenheit für die Negerrasse stehen.

So drückt sich **Speke** in seinem Bericht über die Reise zu den Nilquellen also aus: „Es ist eine ganz lächerliche Behauptung, der Neger sei nicht kulturfähig. Unsere Schulkinder zeigen im allgemeinen eine Auffassungsgabe und eine Geschicklichkeit, welche von europäischen Schulkindern jedenfalls nicht übertroffen werden."

Kapitän **Burton** sagt in seinem Bericht über die Reisen zu den großen Seen: „Der Neger hat einen lebhafteren Geist als der englische Bauer, wenn dieser ohne Erziehung bleibt."

Stanley schreibt in seinem Buche: „Wie ich Livingstone fand", Kap. 6, folgendes: „Unter der Menge, welche mich bei der Landung in Bagamoyo empfing (Januar 1871), befand sich auch ein französischer Pater, (aus der Kongregation vom hl. Geiste) der zur dortigen Mission gehörte.... Ich muß gestehen, daß die glücklichen Erfolge dieser Mission mich geradezu überraschten, und die 200 Schulkinder, welche unter ihrer Obhut stehen, liefern durch ihre Leistungen den glänzendsten Beweis für die vortreffliche Erziehung, welche sie erhalten. Nach Tisch kamen etwa 20 junge Leute mit Musikinstrumenten. Das Spiel dieser jungen Suaheli überraschte mich. In der That, welcher Kontrast, an so entlegener Küste junge Neger französische Musikstücke aufführen zu hören!" (Damals war Ostafrika noch kein deutsches Gebiet.)

Unzählige Urteile von Afrikareisende bestätigen die Empfänglichkeit der schwarzen Rasse für Kultur und Christentum.

Hören wir auch, wie die Missionäre in dieser Hinsicht urteilen. Ihre Berichte sprechen von der Fähigkeit der Neger, christliche Lehre und Gesittung in sich aufzunehmen.

So berichtet P. Horner über die Erfolge der Mission von Zanzibar: „Von Anfang an zeigten sich bei den Negern bedeutende Anlagen für mechanische Arbeiten, und die Werkstätten der Mission konnten in kürzester Zeit verschiedene Arbeiten für Araber und Europäer in Angriff nehmen. Diejenigen Knaben, welche höhere Begabung verrieten, bekamen Unterricht im Lateinischen und bald konnte man zur Errichtung eines kleinen Seminars schreiten, das den ersten Grund legen soll zur Heranbildung eines eingebornen Klerus. Ebenso errichtete die Mission eine Arbeitsschule, wo die Kinder in nützlichen Handarbeiten unterrichtet wurden."

Reisende, die zum erstenmal mit diesen erniedrigten Naturen zusammenkommen, mögen freilich alsbald auf ihre Unfähigkeit für alle sittliche und geistige Entwicklung schließen; sie urteilen zu oberflächlich. Der Missionär, der Jahre lang mit ihnen umgeht, kann ein sicheres Urteil abgeben, er sagt, daß er oft erstaunt sei über die Fähigkeiten, welche er in diesen ohne jegliche Bildung gebliebenen Seelen antrifft, und er ist glücklich, den Beweis zu liefern. „In Zanzibar," sagt P. Horner, „werdet ihr ein kleines Seminar finden, wo

5

in diesem Jahr (1875) vier **junge** Schwarze ihre Tertia machen. Ich glaube **nun** ohne Furcht behaupten **zu** können, **daß** keiner von ihnen in irgend einem Lyceum zu den letzten der Klasse zählen würde. Ich wage sogar zu sagen, daß der Talentvollste unter ihnen in jeder Anstalt einen der ersten Plätze einnehmen würde. Gebet den Schwarzen Afrikas eine **rechte** Erziehung und sie werden ungefähr **den** Kindern Europas gleichen." (Schneider, **Kath**. Mission **von** Zanguebar. S. 312.)

Unzählig sind **die** Zeugnisse **der** Missionäre, welche für die materielle und **geistige Bildungsfähigkeit der** Neger sprechen, wenn diese in die Hände von Christen kommen. Ebenso erfreulich sind die Berichte über die **moralische Haltung der** Schwarzen, die **das Glück** haben, christlichen Unterricht und Erziehung zu genießen.

P. Horner erzählt in der Geschichte des einst lebendig begrabenen Negermädchens Suema,*) nun Mitglied der Kongregation der Töchter Mariä in Zanzibar folgende rührende Scene: Das Spital der katholischen Mission ist allen Kranken ohne Unterschied geöffnet. Eines Morgens nun wurde der Oberin gemeldet, daß eben ein Transport von Arabern, die im Kampf mit englischen Kreuzern verwundet worden waren, im Krankensaal angekommen seien. Es war gerade die Reihe an Suema, die Krankenschwestern zu unterstützen. Das

---

*) „Lebendig begraben." Erlebnisse eines kleinen Negermädchens, **Preis 20 Pf.,** durch jede Buchhandlung zu beziehen; auch direkt durch W. Helmes, Münster i. W.

Mädchen beeilte sich, alles Erforderliche herzurichten und tritt in den Saal.

Welche Überraschung! Wenig hätte gefehlt, und sie wäre in Ohnmacht gesunken. Der erste, der ihr in die Augen fällt, ist jener Karawanenführer, jenes Scheusal, der ihre Mutter auf dem Transport in die Sklaverei mißhandelt hatte! Er befand sich in einem entsetzlichen Zustand: sein Kopf war von einem Säbelhieb gespalten und die Brust von mehreren Bajonettstichen durchbohrt. „Mein Gott! Es ist der Araber!" schrie das Mädchen. Die Schwester Oberin wandte sich zu ihr mit den Worten: „Suema, meine Tochter, Dein Unglück verdient einen Lohn. Sieh, wie Dir Gott in seiner Barmherzigkeit Gelegenheit giebt, ein Werk von unschätzbarem Wert zu üben. Glücklich jene, die soviel Edelmut besitzen, um Böses mit Gutem zu vergelten! Gott wird sie einstens dafür belohnen. Ein wenig Mut, meine Tochter, und der Sieg ist Dein! Du, meine liebe Suema, mußt diesen Menschen pflegen." Suema schaute die Oberin an und gehorchte, zitternd am ganzen Leib, ihrem Befehl. Sie nahm ein Tuch und begann die Wunden des Arabers auszuwaschen. Dies kam ihr anfangs hart, sehr hart an; sie gestand es nachher selbst, welche Abneigung und Haß sie gegen den Mann empfand und wie sie nahe daran war, ihren Todfeind zu verfluchen. Allmählich aber überwand sie sich mit Gottes Hilfe und an die Stelle des Hasses trat bald ein tiefes Mitleid. Sie selbst wunderte sich über diese plötzliche Sinnesänderung. Nachher ging sie heimlich in die Hauskapelle der Schwestern, und vor dem Altar der Mutter Gottes niedergestreckt, rief sie schluchzend aus: „O Maria, meine Mutter, habe Mitleid mit jenem Unglücklichen, dem zu verzeihen Du mir den Mut gegeben hast; nun verzeihe ich ihm aufrichtig."

Die Oberin war inzwischen, unbemerkt von Suema, hinzugetreten und hatte ihr Gebet gehört; sie neigte sich über die Negerin und umarmte sie unter Thränen freudiger Rührung. Sie dankte Gott und der heiligen Jungfrau für die Gnade dieser wunderbaren Bekehrung.

Bisher war Suema nicht zur Taufe zugelassen worden; das einzige Hindernis hatte noch gebildet, daß sie ihren Feinden nicht verzeihen konnte." (Schneider a. a. O. I. Kap. 5.)

Nach Hunderten und Tausenden ließen sich solche rührende Beispiele anführen, welche sämtlich beweisen, wie der wahre Geist des Christentums auch in den Seelen der Schwarzen Wunderbares zu wirken vermag. Daß in den schwarzen Krausköpfen auch einige Intelligenz steckt und daß Beispiele von ungewöhnlichem Talent und scharfem Verstand unter ihnen nicht so selten sind, dies beweist eine große Anzahl von Negern und Negerinnen, die in Europa oder von Europäern erzogen wurden.

Wir erwähnen z. B. jene Negerknaben, die im Institut des Don Mazza in Verona, in dem des P. Ludovico di Casoria in Neapel, in der Propaganda zu Rom u. s. w. ihre Erziehung erhielten. Nach wenigen

Jahren waren sie zivilisiert und was noch mehr ist, gute Christen. Einige von ihnen zeigten mehr als gewöhnliche Geistesgaben. Kaziual und der Bari Loguit Lo Ladu, zwei Negerknaben, die in der katholischen Mission von Zentralafrika Erziehung und Unterricht genossen hatten, kamen nach Europa und unterrichteten einen Gelehrten in ihren Muttersprachen, und zwar mit solchem Erfolg, daß dieser die Grammatiken und Wörterbücher zu denselben abfassen konnte.*)

Ähnliches läßt sich sagen von den zahlreichen Negerinnen, welche durch den ehrwürdigen Diener Gottes Don Olivieri aus der Sklaverei befreit, nach Europa gebracht und in verschiedenen Nonnenklöstern erzogen wurden. Fast alle entsprachen den Erwartungen ihres Wohlthäters: sie zeigten gute Anlagen und guten Willen.

Die Missionen der Jesuiten am Zambesi, diejenigen der Kongregation vom hl. Geist in Senegambien und in Ostafrika, und besonders die Mission der Trappisten in Marianhill (Natal, Südafrika) unter den Kaffern, wie auch die in Centralafrika, hatten bis jetzt glückliche und teilweise sehr glückliche Erfolge.

Cardinal Gibbons, Erzbischof von Baltimore, drückt sich in einem Vortrag, in dem er jährliche Kollekten zu Gunsten der Indianer- und Negermissionen empfiehlt, folgendermaßen aus: „Es sind jetzt (in den Vereinigten

---

*) Ein ähnliches Beispiel ist P. Daniel selbst, welcher in dieser Broschüre das beste Zeugnis davon ablegt.

Der Herausgeber.

Staaten von Nordamerika) etwa sieben Millionen Neger, und die Negerfrage ist bereits zu einem ernsten Problem für das amerikanische Volk geworden. Meines Erachtens wird die beste Lösung in der Christianisierung der Neger liegen. In einigen Distrikten unseres Landes soll ihre Religion in eine Art Fetischdienst ausgeartet sein, der lediglich in äußerlichen Formeln besteht, ohne jede religiöse Grundlage und sittliche Verpflichtung. Von Natur aus sind die Neger religiös angelegt. Sie zeigen gute Lebensart, sind liebenswürdig und dankbar, gehorsam und unterwürfig; wenn ihre Haltung am Ende des letzten Krieges auch kein Lob verdient, so ist zu bedenken, daß sie eben die Macht, Böses zu thun, in Händen hatten. Hat man sie aber nur einmal christlich gemacht, so werden sie zweifellos ein nützliches Element der Gesellschaft bilden."

Von allen Negern in den Vereinigten Staaten ist ungefähr der vierte Theil katholisch. In den letzten 20 Jahren hat die amerikanische Bundesregierung sehr viel gethan für die Bildung und Erziehung der Schwarzen. Das katholische Amerika hat dabei mit Eifer und Liebe mitgewirkt, und die erzielten Resultate beweisen abermals aufs klarste, welche Fortschritte der Neger im Schoß des Christentums oder vielmehr der katholischen Kirche zu machen im stande ist.

Mehrere ganz nach kirchlichen Grundsätzen eingerichtete klösterliche Genossenschaften von Negerschwestern liefern den Beweis, daß unser religiöses Leben nicht ein rein äußerliches ist, sondern auf fester innerer

Überzeugung beruht. Die Thätigkeit dieser Schwestern beschränkt sich indes nicht auf das Gebet und andere religiösen Übungen, sondern sie widmen sich auch der Erziehung der Negerkinder.

Die amerikanische „Kirchliche Rundschau" giebt in einem Bericht über die bisherigen Erfolge der Erziehung der Schwarzen in einigen Staaten der Union zu verstehen, daß, wenn der Katholizismus bis in die letzte Zeit hinein noch keine Fortschritte unter den Negern aufzuweisen habe, dies lediglich daher komme, weil noch keine ernstlichen Versuche gemacht worden seien. Ein anderes schwerwiegendes Hindernis besteht in der sozialen, politischen und religiösen Absonderung der Negerrasse. Die amerikanischen Bischöfe sind des Lobes voll über die in ihren Diözesen speziell für Negerkinder errichteten Schulen. Das dürfte genügen.

In Afrika stecken wir sozusagen noch in den Kinderschuhen, und wollte man uns zumuten, wir sollen nach 20, 30 oder 40 Jahren uns ganz auf eigene Füße stellen können, so wäre das eine lächerliche Forderung. Auch ist die Thätigkeit der Missionäre nur zu oft durch materielle Sorgen in Anspruch genommen, sodaß sie ein wesentliches Element der Zivilisation immer etwas vernachlässigen müssen: die volle geistige Ausbildung der Jugend. Die Neger mögen sich wohl die Sätze des Katechismus einprägen und die besten Christen werden; aber solange die allseitige Entwickelung ihrer Geisteskräfte fehlt, kann von einem dauernden Fortschritt nicht die Rede sein.

Ich bin nämlich fest überzeugt, daß sich der Fortschritt jedes gesellschaftlichen Organismus um zwei Angelpunkte dreht, die sich gegenseitig ergänzen und unterstützen: religiöse und profane Bildung. Betrachten wir das System jener ersten Missionäre, denen Europa seine Kultur verdankt, so finden wir in erster Linie die Pflege der Künste und Wissenschaften und den Ackerbau. Letzteren pflegen in Afrika fast alle Missionen, erster dagegen sind über die allerprimitivsten Anfänge noch nicht weit hinausgekommen. Ich weiß wohl, daß man mir da einwenden könnte: „Jede Mission oder wenigstens die Mehrzahl hat doch Schulen". Aber diese Schulen haben nicht den Wert und die Bedeutung der Elementarschulen in Europa. Ich sage dies nicht, als ob sich die Missionäre keine Mühe gäben — ich bin ja selbst Missionär —; aber es wird jedermann die Notwendigkeit einsehen, daß wir Schulen bekommen, welche diesen Namen wirklich verdienen, wo die jungen Neger in den verschiedenen Wissenszweigen unterrichtet werden, die den Menschen wahrhaft gebildet machen.

Viertes Kapitel.

Notwendigkeit eines eingeborenen Klerus.

Mit der Frage der Christianisierung Afrikas ist eine andere eng verknüpft, welche wir in diesem Kapitel behandeln wollen. Es ist das ein Punkt, der nicht so sehr die Laienwelt interessiert, als vielmehr die Kirche: ihr muß es doch von größter Wichtigkeit sein, auf der ganzen Welt und aus **jeder Nation** Priester zu haben. Die Gründe sind an sich klar, und ganz besonders, wenn es sich um Afrika handelt. Ein eingeborener Klerus ist für Afrika notwendig: 1. wegen des Klimas; 2. wegen der Sitten und Gewohnheiten; 3. weil ein Eingeborener die Sprache fast immer besser verstehen wird als ein Ausländer; 4. weil er auch die Eigenart des Negers am besten kennt.

Es wird die Notwendigkeit eines ein**geborenen Klerus** allgemein zugegeben, aber nicht alle sind auch von der **Möglichkeit** überzeugt. Viele schrecken vor den Schwierigkeiten zurück, welche mit der Heranbildung eines afrikanischen Klerus verknüpft sind, und wollen deshalb einfach die Neger vom geistlichen Stand ausschließen, als ob dies das einzige Mittel **wäre**, Mißstände zu vermeiden, welche etwa **dabei sich** ergeben **und** die Sache der Religion selbst schädigen könnten. Freilich darf man sich bei dieser Frage nicht die Verhältnisse von Europa, überhaupt von solchen Ländern **vorstellen, wo** das Christentum schon viele Jahrhunderte festen Fuß gefaßt und im Herzen der Völker tiefe und feste Wurzeln geschlagen hat. Dort ist es selbstverständlich **viel** leichter, **die** nötige Anzahl **von Zöglingen zu bekommen**; dort ist es auch viel leichter, die jungen Seminaristen für ihren **künftigen Beruf** zu erziehen und auszubilden. Aber man beachte doch auch die Thatsache, daß trotz der sorgfältigsten Erziehung durch die tüchtigsten Kräfte fast immer ein Teil der ursprünglichen Anzahl fahnenflüchtig wird: fünfzig Zöglinge einer unteren Klasse schmelzen nicht selten bis zum Empfang der heiligen Weihen auf ein Häuflein von zwanzig bis dreißig zusammen. Woher diese Erscheinung? Die Gründe sind verschieden: Krankheit, Familienverhältnisse, fehlendes Talent; die meisten aber fallen deswegen ab, weil sie entweder von Anfang an keinen Beruf zum Priesterstand hatten oder denselben durch eigene Schuld verloren haben, trotz der väterlichsten Sorgfalt der Erzieher. Also nicht die Erziehung ist die Hauptsache, sondern die Berufung von seiten Gottes, welche sich nicht erzwingen läßt

Warum sollte nun Gott nicht auch unter den

Schwarzen die geeigneten Werkzeuge für seinen heiligen Dienst auszuwählen wissen und ihnen die notwendigen Gnaden zu dessen Ausführung verleihen? Wohl werden die Missionäre in den schwarzen Zöglingen ein weniger bildsames Material finden, als in den weißen. Aber deswegen vor genannter Aufgabe zurückzuschrecken und den ganzen Plan zu verwerfen, wäre kleinmütig und engherzig.

Die hauptsächlichste oder vielmehr einzige Schwierigkeit betrifft die Frage des Cölibats. Ich gestehe, daß die Beobachtung dieses Gesetzes dem Neger sehr schwer fallen muß. Es wird aber dem künftigen Negerklerus mit Gotteshülfe doch gelingen, dasselbe zu halten. Wird man auch im Anfang noch nicht einen ganz musterhaften afrikanischen Klerus erhalten, wie er den strengen Grundsätzen und Forderungen der Kirche vollständig entspricht, so wird man dies doch allmählich und mit der Länge der Zeit erreichen. So groß ist doch auch in dieser Beziehung der Unterschied der Rassen nicht, daß, während es für den Europäer verhältnismäßig leicht ist, die sinnlichen Leidenschaften zu beherrschen, dies dem Neger unmöglich sein sollte. Freilich darf man die klimatischen Verhältnisse nicht außer acht lassen, welche die Sinnlichkeit nicht wenig fördern. Der Klerus im Abendlande soll Gott danken, daß er ihn in kälteren Ländern, im Schoße christlicher Völker und Familien geboren werden ließ, und daß ihm dadurch die Übung der Enthaltsamkeit leichter gemacht ist.

Zum Zweifel an der Möglichkeit eines einheimischen Klerus hat manche auch besonders die **Unbeständig= keit des Negercharakters** veranlaßt. Aber dieser wie auch andere Fehler hafteten allen ehemals heidnischen Völkern an. Man denke **nur** an die Sachsen und die übrigen germanischen Völker, welche lange genug mit dem Götzendienst liebäugelten; **nur** die unsäglichsten Anstrengungen ermöglichten es, **sie** dauernd dem Christen= tum zu unterwerfen. Die Glaubensboten, welche in jenen Ländern **das Evangelium** verkündigten, waren Ausländer, **und die einheimische** Geistlichkeit war auch nicht schon nach **wenigen Jahren** ausgebildet, sondern **es bedurfte dazu viel längerer Zeit und ununterbrochener beharrlicher Arbeit**. Die Unbeständigkeit des Negers ist also **kein genügender** Grund, an der Möglichkeit der allmäh= lichen **Schaffung** eines eingeborenen Klerus zu verzweifeln.

Erkennt man einmal die Notwendigkeit und Nützlich= keit eines einheimischen Klerus in Afrika an, so erhebt sich noch eine weitere Frage: **Empfiehlt sich mehr ein Welt= oder ein Ordensklerus?** Jeden= falls wäre es unvernünftig oder verfehlt, sich **für** letz= teren ausschließlich zu entscheiden, so daß alle Priester= amts=Kandidaten zugleich den **Ordensstand** wählen müßten. Es wäre ja sehr wünschenswert, wenn alle auch **den Beruf zum Ordensleben in sich fühlen** wür= den, aber dies ist eben **nicht der Fall**. Vom finanziellen Gesichtspunkt aus wäre die klösterliche Organisation sehr vorteilhaft, weil so die Kosten für **den** Unterhalt der Geistlichkeit viel geringer wären, und dies ist bei den beschränkten Mitteln der Missionen nicht zu unterschätzen. Allein nicht alle fühlen den Beruf zum Ordensstande, und warum sollte man diejenigen, welche wohl zum Priesterstand, aber nicht zum Ordensleben sich berufen fühlen, zurückweisen?

Der weitaus größte Teil der Priester in Europa und Amerika gehört dem Säularklerus an. Will man etwa behaupten, dies bringe der Kirche Nachteil? Oder sollten die Neger allein der Kirche nur im Ordensgewand dienen können? Beides sche nt mir gleich unbegründet zu sein. Niemand wird in Abrede stellen wollen, daß in dem einen wie im andern Teil des Klerus im Laufe der Geschichte oft genug schwere Ärgernisse hervortraten; aber das hat die Kirche noch nie veranlaßt und wird sie auch nie veranlassen, den einen oder andern beider kirchlichen Stände aufzuheben. Mag die Kirche auch mit dem künftigen schwarzen Klerus erst manche schlimme Erfahrung machen müssen, so wird sie das nur zu vermehrter Vorsicht und Sorgfalt in der Auswahl und Vorbereitung der Kandidaten des Priestertums mahnen.

Daß ein einheimischer Klerus für Afrika ein dringendes Bedürfnis ist, wird von bedeutenden Missionären und Kennern dieses Weltteiles anerkannt und ausgesprochen.

Der frühere apostolische Vikar von Zentral-Afrika, P. Comboni, der in Ägypten, Kordofan, am weißen Nil und im Lande der Nuba wirkte, hat in einer eigenen kleinen Schrift („Wiedergeburt Afrikas durch Afrika selbst", Köln 1871) den Gedanken ausgesprochen, daß wegen der schmerzlichen Erfahrungen, die die europäischen Missionäre in dem heißen Klima machten, ein eingeborener Klerus: Katecheten, Ordensleute und Weltpriester, **ausgebildet** werden müssen. Deshalb kaufte er junge Leute aus der Sklaverei los oder nahm freiwillig sich ihm **Anschließende** auf, um ihnen **in** Europa oder Ägypten **eine christliche** Erziehung geben zu lassen. Wäre **nicht der** Aufstand des Mahdi im Sudan ausgebrochen, der **den Stützpunkt der** ganzen zentralafrikanischen Mission **und die übrigen** vielverheißenden Stationen vernichtete, so würden wohl schon viele Gemeinden durch schwarze **Priester** und Katecheten zur Blüte gebracht worden sein.

Durch denselben Bischof wurde auch ich in das Christentum aufgenommen; er hat mich in die ewige Stadt, nach Rom geschickt, **damit ich** dort den Studien obliege und für das Priestertum mich vorbereite, welche Gnade mir auch zu teil geworden ist. Die heilige römische Kongregation der Propaganda hat sich am 14. August 1874 mit den Angelegenheiten P. Combonis beschäftigt, um demselben für seine Einrichtungen ein Sicherheit und Dauer versprechendes System an die Hand zu geben; sie hat insbesondere die Grundsätze festgestellt, die zu befolgen seien bei der Erziehung der Neger zum Priesterstande. („Historische Übersicht und Schilderung des Zustandes des apostolischen Vikariats in Zentral-Afrika, von Monsignore Daniel Comboni", Wien 1878.)

Derselbe Plan, welchen P. Comboni verfolgte, ist auch bei den Vätern vom heiligen Geist in andern Teilen Afrikas in Anwendung gebracht. P. **Horner**, der über zwanzig Jahre auf der Ostküste Afrikas und in Zanzibar weilte, spricht die Notwendigkeit eines einheimischen Klerus unumwunden und gründlich aus. Er sagt:

„Die sittliche Wiedererstehung Afrikas einzig und allein von der Thätigkeit der **europäischen** Missionäre erwarten, ist eine fromme Utopie. Es ist für Europäer schwer, in einem Lande zu leben, das die Fremden so schnell aufzehrt. Außerdem würde Europa niemals Missionäre genug haben, um jene unermeßlichen Länder damit ausreichend versehen zu können. Andernfalls muß man aber auch die falsche Ansicht jener verwerfen, welche behaupten, daß Afrika **nur** durch seine **eigenen** Kinder sich erheben könne. Meines Erachtens heißt das auf Sand bauen. Für jeden, der Afrika kennt, ist diese Frage schon gelöst. Sich blos eines **afrikanischen** Klerus bedienen wollen, heißt so viel, als das Christentum nur für wenige Jahre gründen. Dieser einheimische Klerus wird wenigstens ein halbes Jahrhundert unter der Leitung europäischer Missionäre stehen müssen, bevor er die Garantie der Festigkeit und Beharrlichkeit geben wird. Nur mit der Länge der Zeit und durch den langen Gebrauch der Gnaden, die aus den hl. Sakramenten geschöpft und so zu sagen mit der Muttermilch eingesogen werden müssen, werden diese Geschlechter nach und nach gereinigt werden, werden sie ihre heidnischen Anschauungen mit christlichen Begriffen vertauschen. **Die afrikanische Mission kann also nach meinem Dafürhalten nur durch Vereinigung des europäischen und eingeborenen Klerus eine gesicherte Zukunft erhalten.**

Es ist hier dem Vorurteil entgegenzutreten, welches **den Schwarzen den Zutritt zum Priestertum verweigern will.** Die Schwarzen, sagt man, werden für immer unfähig sein, jene Tugend zu **üben**, welche den hauptsächlichsten Schmuck **des Priesters** bildet. Wie **oft** hat man mir gesagt: „Wenn Sie einen eingeborenen Klerus wollen, **so müssen Sie ihm die Ehe gestatten.**" Ich bin nun weit entfernt, die Schwierigkeit, eine **eingeborene** Geistlichkeit heranzubilden, nicht auch einzusehen **Aber was schwer ist, das ist nicht unmöglich. Man vergißt, daß das Priestertum ein Sakrament ist und daß jedes Sakrament die wirkliche Gnade** verleiht, **die** damit übernommene Pflicht **recht** zu erfüllen. Man muß also in dieser Sache **die übernatürliche Seite ins Auge fassen, ohne jedoch das natürliche Moment hintanzusetzen.** Wir haben in unserm kleinen Seminar in Zanzibar **zwanzig Zöglinge,** und wenn es **uns** gelingt, vier derselben **zum Priestertum zu bringen, so** werden **wir befriedigt sein.** Unsere Mitbrüder vom Senegal **haben mehrere Schwarze zu Priestern** ausgebildet und **sind mit ihnen zufrieden. Man darf sich demnach durch Schwierigkeiten** nicht abschrecken lassen.

Ich würde es für empfehlenswert halten, **die Schwarzen Afrikas erst nach einer langen Prüfung,** etwa nicht vor dem dreißigsten Jahre, zu Priestern zu weihen. Sie können bis zu diesem Alter in den niederen Weihen bleiben, was sie nicht hindert, das Amt eines Katechisten, Lehrers u. s. w. zu begleiten." (Schneider, Miss. v. Zanguebar, 321—323). —

Soweit P. Horner, der nicht blos nach meinem Urteil, sondern auch nach dem Zeugnisse anderer, Priester, wie Laien, zweifellos ein Mann voll Erfahrung, Einsicht und apostolischen Eifers war. Möge ihm der verdiente Lohn für seine apostolischen Arbeiten unter uns Negern zu teil geworden sein im himmlischen Vaterland!

Zur Bildung eines afrikanischen Klerus sind **Seminarien in Afrika selbst notwendig.** Die Kongregation vom hl. Geist hat schon 1847 in St. Josef von Ngasobil in Senegambien mit Errichtung eines Seminars begonnen. Zwar ist der Erfolg bis jetzt verhältnismäßig gering, aber es ist doch einmal der Anfang gemacht. Hierüber müssen wir den Auszug eines Briefes des Seminarpräfekten daselbst, P. Sebire, den Lesern mitteilen. Er schreibt:

„Die Heranbildung eines in Afrika geborenen Klerus ist von **allergrößter Wichtigkeit** für die Zukunft der afrikanischen Missionen. Die eingeborenen Priester kennen weit besser als die aus Europa kommenden die Gewohnheiten und Sitten dieser Völker. Aber aus diesen ungeschlachten Naturen Priester zu bilden, ist eine **überaus schwierige Aufgabe.** Viele junge Leute, welche anfangs den besten Willen zeigten, haben später dem Seminar wieder den Rücken gekehrt. Aber, wird man fragen, ist es denn überhaupt möglich, einen kaum der Wildheit entrissenen Schwarzen zum Priester zu erziehen? Ich antworte darauf: Das einzige Eingeborenen-Seminar in Afrika, jenes von Ngasobil, hat bereits eine ansehnliche Zahl von Priestern geliefert. Mehrere von ihnen sind in ihrem hohen Dienste gestorben, gefallen auf der Bresche, als sie mit Eifer am Seelenheile ihrer Landsleute arbeiteten. Bei genügenden Mitteln würden wir eine weit größere Anzahl geeigneter junger Eingeborenen ausbilden und auch in die deutschen Kolonien senden können.

Wie schön ist doch die Ernte, aber wie sind der Arbeiter so wenige! Möge der liebe Gott uns Hilfe senden, damit wir hier ein wirkliches Seminar, abgeschlossen von der Welt, schaffen können; viele Hindernisse, welche bisher mehr als einen jungen Mann von dem erfaßten Beruf abwendig machten, werden dann verschwinden, wir werden mit mehr Erfolg wie bisher Generationen von Negerpriestern den Missionen zur Verfügung stellen können." (Gott will es, 1891, S. 3).

Der Missionär, welcher seine Erfahrungen aus dem ersten afrikanischen Seminar mitteilt, verzweifelt also durchaus nicht an der Möglichkeit der Heranbildung eines eingeborenen Klerus. Auch in Amerika sieht man die Notwendigkeit ein, aus den Schwarzen selbst apostolische Mitarbeiter zu bekommen. Zu diesem Zwecke wurde in Baltimore ein Seminar errichtet, auf welches die dortige Kirche große Hoffnungen setzt.

Wenn doch die in Afrika thätigen Missionen einen gemeinschaftlichen Versuch machen wollten, ein gemeinsames höheres Seminar zu errichten, und den Zöglingen möglichst vollständige und solide wissenschaftliche Ausbildung zu geben! In dieses Seminar wären nur solche Jünglinge aufzunehmen, die sich durch Zeugnisse ihrer bisherigen Vorgesetzten über gutes sittliches Betragen, hinreichende Fähigkeiten und unzweifelhaften Beruf ausweisen könnten; auch sollten dieselben die Gymnasialklassen absolviert haben. Wenn es wahr ist, daß Halbbildung ohne sicheren Wegweiser verderblich wirkt, so würde dies in besonderem Maße bei Negerpriestern zu befürchten sein, welche von jedem unmittelbaren Kontakt mit dem europäischen Klerus abgeschnitten sind.

Unter den gegenwärtigen Verhältnissen könnte jede Mission eine Art Knabenseminar errichten, um darin einige junge Leute zu erziehen und auf die höheren Studien vorzubereiten. Würde dann jede Mission jährlich nur drei oder vier Priester aus dem großen Seminar zugeteilt bekommen, so könnte sie in Bälde über eine ansehnliche Zahl von eingeborenen apostolischen Arbeitern verfügen. Dieser Plan ist durchaus nicht unausführbar und die Geldmittel würden gewiß aufgebracht werden.

- - -

Schluß.

Man könnte mir vorwerfen, ich beurteile die Negerrasse doch etwas zu günstig. Allein ich wollte blos dem ganz ungerechtfertigten Vorurteil entgegentreten, als ob dieselbe **von Natur aus** unfähig wäre, christliche Religion **und Kultur** anzunehmen. Ich gestehe gerne, daß der Neger faul, träg, indolent ist; dies ist jedoch in äußeren Umständen, im Klima und in den Bedürfnissen, begründet. Der Mensch im Naturzustand kommt nicht dazu, die angeborene Neigung zu einem möglichst bequemen Leben zu überwinden, sofern ihm nur die Erde von selbst die notwendigsten Lebensmittel liefert. Er weiß nichts von höheren Bedürfnissen, er hat keine Ahnung von idealen Gütern des Lebens, von Wissenschaft, Kunst, Ehre und Ruhm, er fühlt darum auch keinen Antrieb in sich, durch Arbeit und Thätigkeit sich eine bessere Existenz zu schaffen.

So ist es gerade beim Neger. Es gibt Völker in Afrika, die gar keinen Ackerbau treiben, weil sie sich mit den Erzeugnissen des fruchtbaren heimatlichen Bodens begnügen. Einige wenige Stämme leben ausschließlich von der Jagd und laufen lieber dem Wild nach, als daß sie ein Ackergeräte in die Hand nehmen und ein Stück Land bebauen. In allgemeinen aber treiben die Neger wenigstens soviel Ackerbau, als sie zum Lebensunterhalt bedürfen. Wo dies nicht geschieht, liegt der Grund meist in den unaufhörlichen Einfällen der Araber und der Nachbarstämme, oder in der Tyrannei ihrer eigenen Häuptlinge.

Baron v. d. Decken sagt: „Die Eingeborenen am Nyassasee, die Wagindo und Wagao, verkaufen keine Sklaven, selbst nicht um den höchsten Preis, eben weil sie dort in dem ungemein fruchtbaren schönen Land Ackerbau treiben und die Leute dazu selbst brauchen. Das beste Mittel, den Menschenhandel mit der Wurzel auszurotten, ist das, den Ackerbau zu heben. Niemand, der Sklaven notwendig braucht, wird sie verkaufen. So lange aber der Vorteil Käufer und Verkäufer zu solch elendem Schacher reizt, wird man sich vergeblich bemühen, das Übel ganz auszurotten."

Allerdings bezweifeln nicht wenige die Möglichkeit der Zivilisation der wilden und halbwilden afrikanischen Stämme. „Aber," sagt Kersten, „die Ackerbauer von Witu liefern uns den Beweis, daß auch in Afrika durch Ordnung der gesellschaftlichen Verhältnisse und durch weise Verwaltung die Völker zu höherer Entwicklung gelangen. Diese Wahrnehmung ist um so erfreulicher, als wir das Gegenstück davon kennen lernten: daß durch Krieg, Gesetzlosigkeit, Unsicherheit des Besitzes und Sklavenhandel blühende Landstriche veröden, gut geartete Völker verwildern. Den Bewohnern Ostafrikas, welche, wie alle sogenannten Wilden, als Kinder zu betrachten sind, thut hauptsächlich eine vernünftige Vormundschaft not; findet diese, **eine bessere natürlich,** als die arabische, dereinst für größere Strecken statt, so **wird das Land** auch **wieder zu** jener alten Blüte kommen, welche **die** Portugiesen in Erstaunen setzte; **die Bevölkerungen werden** sich wieder **des Wohlbefindens zu** erfreuen **haben, auf** welches sie **durch** ihre Anlagen **und durch die über** sie ausgeschütteten reichen Gaben der Natur ein so großes Anrecht besitzen. Diesen Zustand aber herbeizuführen, **haben die** Nationen, welche auf **der Höhe der Gesittung stehen, nicht nur** das Recht, sondern **auch die Pflicht."** (v. d. Decken, a. a. O. II. S. 377.)

Was **Kersten** über die Ostafrikaner berichtet, dasselbe gilt auch von vielen Stämmen Zentralafrikas, z. B. den Dinke, Nuba, Bongo, Sande, Monbuttu und andern Völkerschaften, die am Kongo und seinen Nebenflüssen, an den großen Seen und im Sudan wohnen.

Will man aber trotz der angeführten Gründe und Thatsachen, **welche die Trägheit des Negers** teils entschuldigen, **teils die darauf** bezüglichen Behauptungen widerlegen, — will man **also dem Neger** immer noch Trägheit vorwerfen, so ziehe man endlich auch das Klima seiner Heimat in Betracht. Es wäre durchaus falsch, zu glauben, der Neger sei gegen die Hitze absolut unempfindlich, wie auch die Europäer gegen die Kälte nicht unempfindlich sind. Allerdings sind wir Neger im stande, mit viel geringerer Beschwerde heiße

Witterung zu ertragen, aber auch blos bis zu einem gewissen Grade. Die Europäer, welche schon in Afrika gelebt haben, können aus eigener Erfahrung bezeugen, welche Selbstüberwindung es kostet, sich bei großer Hitze zur Arbeit zu zwingen. So lange unsere Lage nicht eine durchgreifende Änderung erfährt, wird die Neigung zur Trägheit oder besser gesagt, der Widerwille gegen jede Arbeit bleiben, deren Nutzen wir im dermaligen Zustand nicht einzusehen vermögen. Wenn wir aber einmal nicht mehr für die Araber, sondern für uns selbst arbeiten dürfen und das Verständnis für Gewerbe und Handel, die Liebe zur Wissenschaft und der Ehrgeiz in dem Herzen der Schwarzen erwachen, so werden diese bald Thätigkeit und Energie zeigen. Zur Erreichung dieses Zieles ist es, ich wiederhole es, absolut notwendig, daß auswärtige Mächte uns unterstützen, ja durch gesetzliche Anordnungen unter christlicher Oberhoheit oder Vormundschaft uns zwingen, die angeborenen Fähigkeiten zu entwickeln und nutzbar zu machen.

Eine große Mission ist heute zu erfüllen. Es handelt sich um nichts geringeres, als die Zukunft eines ganzen Erdteils, die materielle und moralische Hebung einer ganzen Rasse, die bisher wenig mehr galt, als die Hefe des Menschengeschlechtes. Europa hat sich bereits mit unsterblichem Ruhme gekrönt: es ist die Mutter der amerikanischen Kultur. Selbst Asien, wenigstens der äußerste Osten desselben, zieht aus dem Verkehr mit Europa neue

Lebenskräfte zu politischem und sozialem Fortschritt. Wenn Afrika einst durch das Verdienst Europas im Besitz der christlichen Kultur sein wird, dann wird in des letztern Ruhmeskrone ein neuer herrlicher Edelstein erglänzen.

Anhang.

Das Werk des ehrw. Diener Gottes Vinzenz Pallotti.

Der ehrw. Diener Gottes Vinzenz Pallotti ist sehr vielen Deutschen noch kaum dem Namen nach bekannt. Wohl zählt die von ihm gegründete Kongregation schon seit Jahren zahlreiche Deutsche, besonders Süddeutsche, auch Österreicher und Schweizer, in ihren Reihen, aber ihr Wirkungskreis lag nicht bei uns. Von Rom ausgehend, hatten die geistlichen Söhne des Gottesmannes allmählich England, Nord- und Südamerika, Brasilien, Australien und neuerdings Norwegen in den Bezirk ihrer Thätigkeit gezogen, bis der hl. Stuhl ihnen im Jahre 1890 die neubegründete Apostolische Präfektur Kamerun übertrug, wodurch sie denn auch im deutschen Mutterlande jener Kolonie bekannt wurden.

Es dürfte deshalb wohl angebracht sein, einiges über diese Gesellschaft und ihren Stifter mitzuteilen.

Vinzenz Pallotti (nicht zu verwechseln mit dem vor einigen Jahren gestorbenen Kardinal Pallotti, einem Neffen des Ordensstifters), wurde am 21. April 1795 in Rom geboren. Von frommen Eltern erzogen, zeigte er schon als Kind eine außergewöhnliche Frömmigkeit und Scheu vor der geringsten Sünde. Um seine bösen Neigungen zu überwinden, übte er eine große Strenge gegen seinen Körper, so daß er schon in früher Jugend auf dem Boden zu schlafen und sich bis aufs Blut zu geißeln pflegte. Seine Mutter bat den Beichtvater, er möge doch eine solche Strenge mildern, damit der Knabe nicht seiner Gesundheit schade. Dieser jedoch beruhigte sie mit der Antwort, daß ihr Sohn hierin nicht einem irdischen, sondern einem himmlischen Führer folge. Noch ein Kind, entbrannte er schon von Seeleneifer, der sich darin zeigte, daß er seine Geschwister und Altersgenossen in der Religion belehrte. Als Jüngling pflegte er die Landleute bei ihrer Arbeit aufzusuchen, um sie zu unterrichten und mit ihnen zu beten. Seine Nächstenliebe kannte keine Grenzen, so daß er die Speisen, die er sich bei der Mahlzeit abgespart hatte, unter die Armen verteilte, auch öfters Schuhe und andere Kleidungsstücke einem Bedürftigen gab. Ja, selbst sein Bett gab er einigemale als Almosen weg. Mit diesen Gaben des Herzens verband er große Gaben des Geistes; er machte solche Fortschritte in der Wissenschaft, daß er der erste in der Schule wurde. Dennoch blieb er bei allem Fortschritt in der Wissenschaft eifrig in den Werken der Frömmigkeit und so bemütig, daß er die Auszeichnun=

gen, die er auf dem Kollegium Romanum erhielt, selbst seinen Eltern zu verheimlichen suchte, indem er die Anerkennungsmedaillen verkaufte und den Erlös unter die Armen verteilte. —

Vinzenz hatte das sechszehnte Lebensjahr erreicht. Es galt, sich einen Beruf zu erwählen. Obwohl er von Kindheit an den Beruf zum Ordensstande in sich fühlte, so faßte er doch keinen Entschluß, ohne den Herrn im ernsten, anhaltenden Gebete um Erleuchtung zu bitten. In dem festen Glauben, der Wille Gottes werde ihm kund werden in dem Rate seines Beichtvaters, gab er sich ganz dessen Willen anheim. Derselbe beriet sich mit dem Vater, und geleitet von der Erwägung, daß Vinzenz nur einen schwachen Körper besaß, riet er seinem Beichtkinde, Weltpriester zu werden. Obwohl Vinzenz also den Stand eines Weltpriesters erwählte, so führte er doch mitten in der Welt das strenge Leben eines armen Sohnes des hl. Patriarchen Franziskus. Er beobachtete genau die Regeln und die Fasten der Kapuziner, und im Kleide dieses Ordens ruhte er die wenigen Stunden, die er während der Nacht auf dem harten Boden zu schlafen pflegte.

Mit 23 Jahren promovierte Pallotti zum Doktor der Theologie. Er erhielt Auszeichnungen und Ehrenstellen in der theologischen Fakultät der Gregorianischen Universität, aber da er ganz von Demut und vom Eifer für das Heil seiner Mitmenschen durchdrungen war, so zog er sich im Jahre 1829 von der Universität zurück; auch schlug er ein Kanonikat, das ihm an einer der Haupt=

kirchen Roms angetragen wurde, sowie mehrere andere Ämter und Ehrenstellen, sogar die ihm zugedachte Bischofswürde aus.

Von allen Pflichten des Priestertums waren es besonders zwei, die ihm besonders am Herzen lagen: das **Amt des Beichtvaters** und des **Predigers**. Er hörte in **vielen** Kirchen in und außerhalb Roms Beichte, in Klöstern, Spitälern, Kasernen, Anstalten, Kerkern und Privathäusern, überall war er **zu** finden. Jegliche Klasse von Menschen, hoch und niedrich, reich und arm: der Papst selbst, verschiedene **Kardinäle**, Bischöfe Priester, Ordensleute, Adelige, Soldaten, zum Tode Verurteilte, alle, die **Rat** und Trost für ihre Seele bedurften und denen Gelegenheit geboten war, eilten zu ihm, um in der Beichte ihr Herz ihm zu eröffnen. Welche Früchte **Pallotti** bei seinen Beichtkindern hervorbrachte, **wie viele** Bekehrungen er bewirkte, kann nur der sagen, der die Herzen der Menschen kennt. Häufig konnte man sehen, daß die Beichtenden weinend aus dem Beichtstuhle zurückkehrten. Dank der steten Vereinigung mit Gott, besaß **der ehrwürdige Mann** die Gabe der Unterscheidung der Geister und der Offenbarung geheimer Dinge. So berichtet eines seiner Beichtkinder, daß ihm der Diener Gottes **in der Beichte** eine schwere Sünde offenbarte, die es **in der Jugend** begangen und nie gebeichtet hatte.

Dem Predigeramte gab er sich mit nicht minder großem Eifer hin. Er predigte an unzähligen Orten, in Kirchen, religiösen Genossenschaften und auf öffent=

lichen Plätzen. Seine Predigten waren einfach und schlicht und gingen zum Herzen seiner Zuhörer. Seine Worte waren so überzeugend und rührend, daß er aller Herzen gewann. Solchen Eindruck machte er auf seine Zuhörer, daß überall, wo er predigte, sich eine große Zuhörerschaft sammelte. Harte, verstockte Herzen erweichten, und oft konnte man den begeisterten Ruf aus dem Volke vernehmen: „Gesegnet ist die Mutter, die dich geboren hat!"

Seit geraumer Zeit war der ehrwürdige Diener Gottes durchdrungen von lebhaftem Schmerze beim Anblicke des jammervollen Zustandes der Welt. Er sah das Licht des Glaubens und das Feuer der Liebe in den Herzen immer mehr erlöschen, und tief schmerzte ihn das Elend so vieler Völker, die noch in Unglauben und Irrtum schmachten. Deshalb bat er inständig den Herrn der Ernte, er möge sich doch würdigen, neue Arbeiter in seinen Weinberg zu senden.

Gott nahm die demütigen Gebete seines Dieners gnädig an und ließ ihn erkennen, daß er ihn selbst rufe zur Errichtung und Verbreitung eines beständigen Apostolates. Am 9. Januar 1835, am Feste des hl. Petrus von Alkantara, zu dem er eine besondere Andacht hegte, wurde der ehrwürdige Diener Gottes nach der hl. Messe vom hl. Geiste erleuchtet, so daß er den Plan zur Gründung seiner Gesellschaft faßte.

Er gab dieser Gesellschaft den so einfachen Namen „Fromme Missionsgesellschaft" und stellte sie unter den besonderen Schutz Mariens, der unbefleckt Empfangenen und Königin der Apostel. Nach dem Vorbilde der drei Orden des hl. Dominikus oder des hl. Franziskus teilte er sie ebenfalls in drei Klassen. Die erste Klasse besteht aus Priestern, die in Gemeinschaft unter einer Regel leben. Sie werden in ihren Bemühungen durch Laienbrüder unterstützt. Die zweite Klasse besteht aus Schwestern, die in Gemeinschaft unter derselben Regel, insoweit sie für diese paßt, leben. Die Schwestern gehören dem dritten Orden des hl. Franziskus an und kleiden sich mit dem Habit desselben. Die dritte Klasse endlich besteht aus Personen des Klerus oder des Laienstandes beiderlei Geschlechts, die zur Erreichung ihres Zieles der Gesellschaft ihre Unterstützung gewähren, sei es durch Ausübung von persönlichen Hilfeleistungen, sei es durch Almosen oder wenigstens durch Gebet.

Schon gleich zu Anfang bereicherte der hl. Vater die Gesellschaft mit dem Privilegium der Teilnahme an allen Verdiensten der andern Orden und Kongregationen, — ein Privilegium, das von Pius IX. mittelst besondern Dekretes vom 1. Juli 1847 bestätigt, erweitert und auf die Wohlthäter ausgedehnt wurde.

Leo XIII. fügte in neuester Zeit eine weitere Gunst hinzu: er gewährte allen Priestern, welche als Aggregirte der Frommen Missions-Gesellschaft beitreten, das persönliche Altarprivilegium für 2 Tage in der Woche auf die Dauer von 5 Jahren.

Nach einem thatenreichen Leben starb der bescheidene, seeleneifrige Priester am 22. Januar 1850. Sein Tod war ein trauriges Ereignis für ganz Rom. Der Leib des

Heimgegangenen hauchte einen entzückenden Wohlgeruch aus, so daß sein Zimmer während eines Monats davon erfüllt war. Die Nachricht von seinem Tode verbreitete sich mit Blitzesschnelle in Rom; „der Heilige ist gestorben!" das war der allgemeine Trauerruf. Auf Befehl des Kardinalvikars wurde der Leichnam dem Volke zur Verehrung ausgestellt. Kardinäle, Bischöfe, römische Fürsten, Leute aus allen Klassen knieten zu seinen Füßen, um ihm den letzten Tribut ihrer Verehrung zu zollen. Am Abende des 4. Tages wurde er unter großer Beteiligung des Volkes in der Kirche von San Salvatore in Onda beigesetzt. Die Glieder waren noch weich und biegsam.

Gott, der seine Diener und Heiligen zu verherrlichen pflegt, würdigte sich, den ehrw. Vinzenz Pallotti durch viele Wunder und Gebetserhörungen vor seinem Volke zu erhöhen. Die Akten des eingeleiteten Seligsprechungsprozesses lassen darüber keinen Zweifel. Leo XIII. ehrte den Verewigten bereits am 13. Januar 1887 durch Verleihung des Prädikates venerabilis, wodurch er ihm seinen Platz unter den ehrwürdigen Dienern Gottes anwies. Bei Gelegenheit einer Privataudienz der geistlichen Söhne des ehrw. Vinzenz Pallotti sprach Leo XIII. folgende Worte: „Ich kannte ihn gut in meinen jungen Jahren, ich hörte und sah mit eigenen Augen sein großes Wirken und hatte mehrmals Gelegenheit ihn zu sehen, ich achtete ihn so hoch, daß ich gleich nach seinem Tode, im Jahre 1850, als ich Bischof von Perugia war, seine Büste anfertigen ließ und dieselbe im Vorzimmer aufstellte, und ihn jeden Morgen im Vorbeigehen anflehte, mir eine gute Vorbereitung zur hl. Messe bei Gott zu erflehen."

Das ist in kurzen Zügen ein gar schwaches Bild von dem Stifter jener Kongregation, die sich seit kurzem in Deutschland einbürgert. In gerechter Würdigung ihrer Thätigkeit in Kamerun hat die preußische Regierung gestattet, daß die Kongregation in Preußen sich niederlassen dürfe, um ihre Zöglinge für jenes Arbeitsfeld heranzubilden. Das katholische deutsche Volk wird, wir zweifeln nicht daran, diese Niederlassung mit Freuden begrüßen und zu den Kosten derselben nach Kräften beisteuern. Jede Gabe, und sei sie noch so bescheiden, reiht den Spender ein in die Zahl der Mitglieder der 3. Klasse (Tertiarier), jeder erhält überdies eine vom heil. Vater selbst gesegnete außergewöhnlich schöne Medaille, auf welcher der Sterbeablaß und viele andere Abläße ruhen.

Möchten diese Zeilen etwas dazu beitragen, der so thätigen Frommen Missionsgesellschaft viele neue Wohlthäter, Beförderer und Beförderinnen zuzuführen. Es wäre nicht der geringste Dienst, welcher damit der Zivilisierung der deutschen Gebiete des dunklen Erdteils erwiesen würde.

Herzliche Bitte!

Die **Fromme Missions-Gesellschaft** steht im Begriffe, sich in Deutschland niederzulassen, um deutsche Jünglinge und Jungfrauen für die Missionen in Afrika heranzubilden. Die vorhandenen Mittel sind sehr gering. Wer uns durch eine freundliche Gabe unterstützt, nimmt Antheil an unserem Missionswerke, hat ebenso kraft eines Indultes Pius IX. Antheil an den Verdiensten aller Orden, Congregationen, Bruderschaften und religiösen Vereine der ganzen katholischen Kirche. Jeder Spender erhält einen Aufnahmeschein nebst der kurzen Lebensgeschichte unseres ehrwürdigen Stifters mit dessen Portrait, ferner eine vom heil. Vater selbst gesegnete große Medaille, sowie ein Verzeichniß der mit der Medaille verbundenen Ablässe.

Katholische Glaubensbrüder! Helfet uns, daß wir ein bescheidenes Unterkommen in Deutschland finden! Jede Woche wird ein feierliches Hochamt für unsere Wohlthäter gehalten, und unsere Zöglinge beten mit uns täglich für sie.

P. Max Kugelmann, P. S. M.
Oberer des deutschen Missionshauses.

Freundliche Beiträge wolle man an unsere Generalförderer: Herrn Redakteur **W. Helmes** in **Münster i. W.**, und Herrn Domcapitular **Herzog** in **Solothurn** (Schweiz) gelangen lassen oder den von ihnen bevollmächtigten Beförderern und Beförderinnen übergeben.

Das Ende eines kranken Sklaven.
(Illustrationsprobe aus dem Missionskalender.)